UTB **3279**

Eine Arbeitsgemeinschaft der Verlage

Böhlau Verlag · Köln · Weimar · Wien
Verlag Barbara Budrich · Opladen · Farmington Hills
facultas.wuv · Wien
Wilhelm Fink · München
A. Francke Verlag · Tübingen und Basel
Haupt Verlag · Bern · Stuttgart · Wien
Julius Klinkhardt Verlagsbuchhandlung · Bad Heilbrunn
Lucius & Lucius Verlagsgesellschaft · Stuttgart
Mohr Siebeck · Tübingen
C. F. Müller Verlag · Heidelberg
Orell Füssli Verlag · Zürich
Verlag Recht und Wirtschaft · Frankfurt am Main
Ernst Reinhardt Verlag · München · Basel
Ferdinand Schöningh · Paderborn · München · Wien · Zürich
Eugen Ulmer Verlag · Stuttgart
UVK Verlagsgesellschaft · Konstanz
Vandenhoeck & Ruprecht · Göttingen
vdf Hochschulverlag AG an der ETH Zürich

Harald Seubert

Religion

Wilhelm Fink

Harald Seubert (geboren 1967), Promotion über Heidegger und Nietzsche (1997/98), Habilitation über Platon (2003). Nach Stationen in Erlangen und Halle derzeit Ordentlicher Universitätsprofessor für Kulturphilosophie und Ideengeschichte des deutschen Sprachraums an der Adam Mickiewicz-Universität Poznan (Posen) / Polen und Lehrbeauftragter Gastprofessor an der Friedrich Alexander-Universität Erlangen Nürnberg.

Zahlreiche Buch- und Aufsatzpublikationen zu allen Feldern der Philosophie; u.a.: Polis und Nomos. Untersuchungen zu Platons Rechtslehre. Berlin 2005; Spekulation und Subjektivität. Hamburg 2003; Jenseits von Sozialismus, Liberalismus und Konservatismus: Politische Philosophie am Beginn des 21. Jahrhunderts. München 2009.

Bibliografische Information der Deutschen Nationalbibliothek.

Die Deutsche Nationalbibliothek verzeichnet diese Publikation in der Deutschen Nationalbibliografie; detailliertere bibliografische Daten sind im Internet über http: //dnb.d-nb.de abrufbar.

© 2009 Wilhelm Fink GmbH & Co. Verlags-KG
Wilhelm Fink GmbH & Co. Verlags-KG, Jühenplatz 1–3, 33098 Paderborn
Internet: www.fink.de
ISBN: 978-3-8252-3279-5 (UTB)
ISBN: 978-3-7705-4799-9 (Fink)

Printed in Germany
Satz: Ruhrstadt Medien, Castrop-Rauxel
Layout & Einbandgestaltung: Alexandra Brand auf Grundlage der UTB-Reihengestaltung von Atelier Reichert, Stuttgart
Herstellung: Ferdinand Schöningh GmbH, Paderborn

Inhalt

Warum Religion?

Die Religion ist in einem noch vor wenigen Jahren unvorstellbaren Ausmaß wieder präsent. Nach dem Ende des Kalten Krieges kamen Religionen als weltgeschichtliche Mächte wieder in den Blick. Darauf war die westliche, säkular geprägte Welt nicht vorbereitet. Sie hatte sich daran gewöhnt, Religion weitgehend als Privatangelegenheit zu verstehen. Das sichtbarste Anzeichen einer Änderung war der Islamismus. Aber auch christlich evangelikaler Fundamentalismus in Amerika trägt zu dem unabsehbaren Eindruck bei, dass Religion gerade keine vergangene Stufe der Zivilisation sei, über die die Zeit mehr oder weniger hinweggegangen ist.

Vertraut ist deshalb mittlerweile das Schlagwort von der ›Wiederkehr der Religion‹ oder der ›postsäkularen Gesellschaft‹. Bei näherer Betrachtung erweist sich dies allerdings als nicht stimmig. Denn Religion gehörte nie der Vergangenheit an, nie waren Kulturen säkular, schon gar nicht im weltweiten Maßstab. Religion war allerdings in der durch die okzidentale Rationalität bestimmten westlichen Welt in den Hintergrund getreten. Sie war durch Vernunftreflexion bei den Gebildeten gebrochen, und sie gehörte weitgehend der Privatsphäre an. Namentlich in Europa hatte sich im Verlauf der Neuzeit eine Abkehr von der Herkunftsreligion abgezeichnet, die aber im Vergleich der Weltkulturen eher eine Ausnahme darstellt. Bis in die Programme repräsentativer Verlage, von denen dies noch vor wenigen Jahren kaum denkbar gewesen wäre, manifestiert sich eine starke Tendenz zum Thema der Weltreligionen.

In der westlichen Welt hat man es dabei vor allem mit einem Eklektizismus zu tun. Noch immer dominiert die Suche nach dem eigenen Gott, die Momente unterschiedlicher Gottesvorstellungen kombiniert: Christliche Liebesethik verbindet sich mit fernöstlichen Meditationstechniken und Spiritualitätsformen. Die Suche nach Spiritualität ist dabei bestimmend. Es zeigt sich überdies, dass ihr durch die großen Kirchen in West- und zunehmend auch in Ost-Mittel-Europa nur unzureichend Rechnung zu tragen ist: sowohl die Bindekraft des Katholischen Lehramtes stößt auf Ablehnung als auch ein Protestantismus, der seine spirituellen Quellen erst allmählich wieder entdeckt.

In der globalisierten Welt erkennt man deutlicher, was Max Weber schon am Jahrhundertbeginn zu zeigen versuchte, dass nämlich der Weg des okzidentalen Rationalismus ein Sonderweg ist, der nur partiell, nicht universal, Verbindlichkeit beanspruchen kann. Es ist eine weitere große Einsicht Max Webers, die er gegen den Laizismus seines großen französischen Gegenspielers Emile Durkheim formulierte, dass Religion eine spezifische Form von Rationalität ist, die immer in Spannung zu der säkularen Zweckrationalität bzw. der ›entzaubernden‹ wissenschaftlichen Rationalität der Moderne steht, sich aber nicht vollständig in sie hinein auflösen wird.

Dies führt zu einer weiteren Frage. Religion und die Wissenschaften, die sich mit ihr befassen, gehören offensichtlich verschiedenen Rationalitätsformen an. Womit haben wir es zu tun, wenn wir dem *Phänomen* der Religion begegnen? Religion ist offensichtlich nicht verstanden, wenn sie als eine in Satzform (propositional) gefasste Theorie von der Wirklichkeit aufgefasst wird.

Ludwig Wittgenstein hat darauf hingewiesen, dass sie ein eigenes Sprachspiel ist,[1] und nicht etwa ein Fehler im Sprachspiel Wissenschaft. Für einen Fehler sei der eigene Wahrheitsanspruch der Religion, so Wittgenstein, »einfach zu enorm. Denn ob etwas ein Fehler ist oder nicht [...] – es ist ein Fehler in einem bestimmten System«.[2] Gleichwohl hat Religion immer auch spezifisch propositionale Bestandteile. Es gibt sogar ein »Wissen der Religion«,[3] das gerade angesichts vielfach wahrgenommener Sinnleere und Orientierungslosigkeit in der säkularen Moderne seine Attraktivität erweist.

Zugleich aber gilt, erst recht in pluralistischen Gesellschaften: Religion ist auch nicht unabhängig von anderen Formen der Wirklichkeitswahrnehmung. Sie ist vielfach mit ihnen verzahnt und durchdringt sie.

Diese wenigen Bemerkungen dürften erkennen lassen, weshalb das Phänomen Religion dem Gegenstandsbereich verschiedener Wissenschaften angehört, die sie mit jeweils spezifischen Methoden einkreisen. Dass es keinen Generalschlüssel für das Verständnis von Religion gibt, liegt in einer letzten Fremdheit zwischen ihr und der säkularen Vernunft. Heute ist dem am ehesten durch interdisziplinäre Fragestellungen Rechnung zu tragen.

Dass die Nähe der mit Religion befassten Disziplinen zu ihrem Gegenstand aus der Fachgeschichte heraus sehr unterschiedlich ist, darf dabei nicht übersehen werden. Ulrich Beck hat jüngst in einer bemerkenswerten religionssoziologischen Studie darauf hingewiesen, dass der Soziologe als Anhänger einer dezidiert säkularen Kultur sich von einer konstitutiven Außenperspektive der Religion zuwendet. Der Soziologe habe, so argumentiert Beck weiter, das Säkularismus-Idiom im Blut. Er wirft in diesem Zusammenhang die Frage auf, ob die Soziologie an der Religion nicht scheitern müsse. Zumindest für Teile der Religionspsychologie ließe sich eine ähnlich radikale Selbstkritik formulieren.

Solche Disziplinen stehen in einem Rahmen von Modellbildungen, die die Möglichkeit nahelegen, die Weltansicht der Religion grundsätzlich auf religionsexterne Fakten, Daten, Voraussetzungen zurückzuführen. Philosophie und Religion stehen dagegen, wenn man die über zweitausendjährige Geschichte der europäischen Philosophie mit in Rechnung stellt, in einem anderen Verhältnis zueinander. Philosophie hat sich aus Formen der Religion (namentlich den Mysterien) heraus entwickelt. Ihre überlieferten Grundfragen nach dem Seienden im Ganzen, nach dem Kosmos und dem Gott als seinem Urheber nehmen den Welthorizont der Religion auf. Sie löst sich aber, wo sie selbständig wird, von den konkreten Bildern, Vollzugsweisen, auch den Heiligen Schriften der Religionen ab und zielt auf reine Vernunfterkenntnis. Damit steht die Philosophie in einem Folgeverhältnis zur Religion. Zugleich aber ist auch ein genuin religionskritischer, ja atheistischer Zug Teil des Selbstverständnisses und der Konstitution europäischer Philosophie. Dies kann der Philosophie in der Befassung mit dem Thema der Religion noch immer eine wichtige Position sichern, auch wenn Teile der aktuellen religionsphilosophischen Literatur sich selbst nur als eine weitere Expertenkultur im Forschungsfeld verstehen.[4] Mit Recht spricht Rüdiger Safranski einmal davon, dass es eine narzisstische Kränkung für die Innenperspektive von Religionen bedeute, wenn sie mit dem externen Beobachter konfrontiert und von außen beschreibbar würden.[5] Aus dieser Außenperspektive erscheint nämlich, was innerste, absolute Orientierung ist, als Meinung. Man kann in dieser narzisstischen Kränkung einen Dreh- und Angelpunkt der Begegnung von Religion und Moderne erkennen. Religionswissenschaft, erst recht Religionssoziologie und Teile der Religionspsychologie nehmen nach bestimmten Perspektiven diese Beobachterperspektive ein. Die Religionsphilosophie wird sie, wie sich insbesondere an den jüngeren Einlassungen von Habermas erkennen lässt, dahin entzentrieren, dass auch die Beobachterperspektive einer säkularen Rationalität gebrochen gesehen und auf ihre mangelnde Selbstverständlichkeit hin interpretiert wird.

Schon die Rede von Religion in Singular oder Plural wirft Probleme auf. Vorläufig ist das Verhältnis wie in einem hermeneutischen Zirkel zu bezeichnen: Wir wissen von Religion nur im Durchgang durch die verschiedenen historischen und gegenwärtigen Religionen. Es müssen sich aber auch allgemeine Strukturmerkmale finden lassen, die in interkultureller Dimension den Religionsbegriff sinnvoll erscheinen lassen.

Religionsphilosophie

Das Profil und die Behandlungsweise der Religionsphilosophie ist so vielgestaltig wie die Philosophie selbst. Selbst innerhalb der heute maßgeblichen analytischen Philosophie angelsächsischer Provenienz gibt es zwei gänzlich gegenläufige Tendenzen: Die eine folgt Wittgenstein in der Auslotung des besonderen Sprachspiels, in dem wir von Religion, Mystik, aber auch Ethik sprechen. Das Sprachspiel der Religion betrifft nach Wittgenstein nicht Tatsachen in der Welt. Es ist vielmehr ein »Anrennen gegen die Wände unseres Käfigs«. Dies wird unser Wissen nicht vermehren. Doch es ist zugleich »Zeugnis eines Drangs im menschlichen Bewusstsein, das ich für mein Teil nicht anders als hochachten kann« (Vortrag über Ethik, S. 19). Die andere Linie rekonstruiert die Argumentation rationaler Metaphysik und wendet sich den epistemisch propositionalen Inhalten der Religionen zu, etwa dem Theodizeeproblem oder den Gottesbeweisen. Dabei geht es um die Frage, wie vernunftgemäß Religion ist.

Heinrich Scholz traf schon 1922 in seiner ›Religionsphilosophie‹ die wichtige Unterscheidung zwischen einer *konstruktiven* Religionsphilosophie, die lediglich die religiösen Bewusstseins- und Urteilsformen untersucht und unabhängig davon existiert, ob ihr eine konkrete Religion entspricht, und der *rezeptiven* Religionsphilosophie, die die Existenz konkreter Religion mit ihren Lebensformen, aber auch dem eigenen Wahrheitsanspruch, den sie erheben, voraussetzt.[6]

Geprägt sind religionsphilosophische Entwürfe von den leitenden philosophischen Gesamtkonzeptionen, mit denen sie im Zusammenhang stehen: Kantianismus,[7] Symboltheorien,[8] Semiotik[9] geben der Religionsphilosophie des 20. Jahrhunderts jeweils ein eigenständiges Gepräge. Diese Differenzierung kann soweit reichen, dass kaum eine gemeinsame Sprache gefunden wird. Keinesfalls nur für vermeintlich ›starke‹ metaphysische Philosophien der Vergangenheit zeigt sich dabei die Gefahr, dass der semantische, rituelle und kultische Raum einer Religion von vornherein auf bestimmte philosophische Begriffe gebracht und ihnen konform gemacht wird, zumal diese Begriffe gelebter Religion zumeist fremd sind.

Gerade wenn Philosophie Fragen aufwirft, die sich mit jenen der Religion berühren, muss sie sich bewusst sein, das sie sie in einem anderen Medium behandelt. Sehr überzeugend scheinen daher jüngere religionsphilosophische Konzeptionen, die wie Robert Spaemann, sich der Religion nur hypothetisch nähern, die dem ›unsterblichen Gerücht‹ der religi-

ösen Frage nach Gott nachgehen. Sie bleibe denkmöglich, ja philosophisches
Denken werde geradezu unabdingbar auf sie gestoßen.[10] Doch diese Frage stellt sich an den Grenzen der Reichweite philosophischen Denkens.
Spaemann zeigt damit zugleich, dass es eine Täuschung der Moderne ist,
die Religion gleichsam erledigt zu haben. In seinem Versuch über ›Gott‹
hat Thomas Rentsch die Gottesfrage in ähnlicher Weise als eine Grenzbetrachtung und damit Selbstreflexion und -kritik der Vernunft umrissen.[11] Er folgt dabei der Linie von Kant und Wittgenstein. Er bezieht aber
auch den negativen Messianismus von Adorno und Benjamin ein, für die
es darum geht, den Rückschein des Paradieses offen zu halten. Zugleich
betont Rentsch, dass Religionsphilosophie nur auf der Schnittstelle
»zwischen Herkunft und Zukunft der eigenen Tradition, zwischen theoretischer Reflexion und religiöser Praxis« sinnvoll möglich ist. I. U. Dal-
ferths groß angelegter Versuch einer sprachanalytisch geklärten hermeneutischen Rede von Religion stellt ebenfalls eine bemerkenswerte
synoptische Leistung in der jüngeren religionsphilosophischen Diskussion dar. Der für Dalferth grundlegende Zeichenbegriff umfasst auch die
nicht-verbale Gestik und Symbolsprache des Kultus.

Hans Julius Schneider hat in seinem bemerkenswerten Beitrag[12] im
Anschluss an Wittgenstein zu Recht darauf verwiesen, dass religiöse
Sprache nicht mit hypothetischer, wissenschaftlicher Sprache zu verwechseln sei. Sie hat keinen fixierbaren Gegenstand als Referenten, sondern die gesamte Situation religiöser Erfahrung. Mit Wittgenstein: »Kein
Etwas, aber auch kein Nichts«. Schneider ist daher insbesondere am
Buddhismus als einer nicht-theistischen Religion interessiert, an der
diese spirituelle Situationserschließung deutlich hervortritt. Der Buddhismus und andere Formen nicht-theistischer Religion seien gerade
deshalb für den modernen Intellektuellen besonders faszinierend, da sie
zwei Möglichkeiten eröffnen, die sonst gar nicht im Zusammenhang
gesehen werden: die Möglichkeit zur »Ablehnung eines außerweltlichen,
›transzendenten‹ Bereichs einerseits und eine religiöse Einstellung zum
Leben andererseits«.[13]

So berechtigt dies ist, bleiben doch entscheidende Fragen offen: Wie
weit reicht dann die Rationalität von Religion? Sind alle konkreten
Inhalte, wie die Rede von Nirvana, von Sünde, Reinigung, Trinität Me-
taphern? Ist lediglich die Sprachstruktur religiöser Erfahrung einzuho-
len und zu rekonstruieren? Zudem scheint Schneider in der Folge Wittgensteins Religion weitgehend mit Mystik gleichzusetzen. Die
geschichtlich soziale Variationsbreite auch des Buddhismus kommt
kaum zur Sprache.

Vielfach wird heute darauf hingewiesen, dass die funktionale Frage nach dem Zweck von Religion notwendigerweise am Gegenstand vorbeigehe. Sie ging offensichtlich aus der Konzeption hervor, dass an Religion gar nicht die Wahrheitsfrage zu stellen sei, weil sie eine Denk- und Vorstellungsform sei, die der Kritik der Aufklärung nicht standhalte. Wichtige Funktionen, etwa im Sinne einer Komplexitätsreduktion, erfülle die Religion gleichwohl weiter. Besonders prägnant hat es Keiji Nishitani, japanischer Philosoph und kenntnisreicher Gesprächspartner des europäischen Denkens, vor aller Markierung konkreter Unterschiede zwischen den Weltreligionen, gesagt: »Was Religion [...] für den Menschen notwendig werden lässt, ist dies: Sie lässt uns zum Ursprung des Lebens zurückkehren. Dort ist Leben etwas jenseits von Funktionalität oder Nützlichkeit [....]. Wenn vom Wesen der Religion die Rede ist, so befindet sich die Frage: ›Welchen Zweck hat Religion für uns?‹ bereits als Frage im Irrtum«.[14] Diese Frage werde durch die grundsätzlichere Frage: ›Wozu existieren wir?‹ durchbrochen. »Deshalb verdunkelt die Frage: ›Warum brauchen wir Religion?‹ von Anfang an den Weg zur Antwort. Sie blockiert den Weg, auf dem wir uns selbst zur Frage werden«.[15]

In einem noch immer lesenswerten Buch hat Hermann Lübbe schon Mitte der achtziger Jahre in ähnlichem Sinn darauf hingewiesen, dass der Religion die spezifische Vernunft gegenüber dem Unverfügbaren eignet.[16] Deshalb sei die These vom Vergangenheitscharakter der Religion eine Illusion, wie Lübbe gegen die ›radikale Religionskritik‹ von Marx oder Freud einwendet. Denn es gibt keinen Anhaltspunkt für die Vermutung, dass zivilisatorischer Fortschritt jemals die »Abhängigkeit vom Unverfügbaren« wegzuarbeiten vermöchte. Obwohl Lübbes Ausgangspunkt erkennbar eine funktionale Religionstheorie ist, verweist er doch zugleich deutlich auf deren Grenzen: Religion gehöre zwar unabdingbar zu den Erhaltungsbedingungen der modernen, säkularen Welt, aber auf eine »politisch unverfügbare« Weise.[17]

Auch wenn die Religionsphilosophie noch immer in der Lage sein kann, die unterschiedlichen Ansatz- und Annäherungsweisen auf Religion zu fokussieren und als Reflexionswissenschaft zu begleiten, ist offensichtlich, dass sie umgekehrt auf die hoch differenzierten Disziplinen von Religionssoziologie, Religionswissenschaft, Religionspsychologie angewiesen ist. Eine Religionswissensphilosophie, die beanspruchen kann, die Wirklichkeit der Religion in begrifflichen Strukturen zu erfassen, wie sie im deutschen Idealismus Hegel vertrat, wäre nicht mehr überzeugend; ebenso wenig wird ein eurozentrischer Blick auf das Religionsphänomen in der gegenwärtigen Welt befriedigen. Religionen bestimmen in weitem Umfang Kulturen. Es muss zweifelhaft sein, ob es überhaupt eine Weltkultur gibt, die nicht genuin religiös geprägt war. Religionswissenschaften oder -soziologien neigen hingegen dazu, Religion als eine Äußerungsform, ein Zeichensystem neben anderen von Kultur bzw. Gesellschaft aufzufassen.[18]

Zwischen Religionsphilosophie und Religionssoziologie

In der gegenwärtigen Debatte lassen sich unschwer einige Punkte identifizieren, auf die sich die Religionsproblematik fokussiert: Einerseits steht die Frage nach Konfliktträchtigkeit bzw. Friedensfähigkeit von Religion im Zentrum. Hat, wie es die (in sich nie wirklich konsistent durchgeführte) These des Ägyptologen Jan Assmann nahelegt, insbesondere der ›Monotheismus‹ eine spezifische Affinität zu Gewalt? Wenn es so ist, wie verhält sich dann dieses Intoleranzpotenzial zu den Friedens- und Toleranzgeboten, die sich in allen Weltreligionen finden. Lässt sich also, etwa am Islam, eine Ideologisierung von dem Kern der Religion unterscheiden? Wenn man so fragt, stößt man sogleich auf die große innere Differenziertheit von Religionen und ihre historische Variationsbreite.

Auch die umgekehrte Überlegung findet sich: Ist nicht, wie in jüngster Zeit Jürgen Habermas andeutet, Religion in ihren unübersetzbaren Sprach- und Symbolformen und ihren kommunikativen Potenzialen geradezu unerlässlich, um die Pathologien, Verformungen und Entfremdungen der Moderne erkennen und benennen zu können – und dies auch, wenn konkrete, uberlieferte Religion gerade keine umfassende Überzeugungskraft mehr hat? Bedarf es also der wechselseitigen Übersetzung der religiösen in die säkulare Sphäre und umgekehrt – und dies nicht aus Gründen und Interessen der Religion allein, sondern zugleich der säkularen Welt?

Die Kehrseite der ›Wiederkehr der Religion‹ ist, was wenig überraschen wird, in einem Wiederaufleben radikaler Religionskritik zu sehen, deren Muster in Westeuropa ins 17. und 18. Jahrhundert zurückreichen. Zu nennen ist nur der Weltbestseller von Richard Dawkins *Der Gotteswahn*. Oftmals bleiben diese Ansätze methodisch und hermeneutisch naiv. Sie beanspruchen, die Reflexe freilegen zu können, die zu religiösen Projektionen führen. Der Vorhang geht auf, doch die Bühne ist leer. Mit der Religion kam auch der Atheismus zurück: in Formen, die aus der frühen Neuzeit und dem Aufklärungsjahrhundert vertraut sind, sich aber neuer Leitwissenschaften bedienen und daraus eine naturalistische Weltanschauung ableiten.[19]

Vor diesem Hintergrund und angesichts des christlichen Fundamentalismus in Amerika hat Daniel Dennett jüngst die Debatte über ›natürliche Religion‹ auf hohem Niveau wieder aufgenommen, deren klassische Formulierungen auf John Locke und David Hume zurückgehen.[20] Dennett plädiert dafür, dass Religion wie alle menschlichen Phänomene den Naturgesetzen unterworfen und insofern einer wissenschaftlichen und logischen Analyse zugänglich sei. Legitimierbar sei Religion nur, wenn sie sich dieser Befragung aussetze.

Eng hängt mit der angedeuteten Thematik das Problem der Verbindung von Religion und Vernunft zusammen. Zu ihrer Relevanz und Rezeptionsbreite hat beigetragen, dass sie Papst Benedikt XVI. zum Leitfaden seines Pontifikates erklärt hat. Eine wechselseitige Allianz von Religion und Vernunft bzw. Aufklärung könnte offensichtlich ein Mittel gegen den wiedererwachenden Fanatismus bedeuten.

Bei den skizzierten Fragen geht es nicht nur um akademische Probleme, sondern um existenzielle Fragen von hoher gesellschaftlicher und politischer Relevanz. Dies hat dazu geführt, dass im letzten Jahrzehnt Religion zu einem umfassenden, im Aufbau begriffenen Forschungsfeld geworden ist. Die steigende Anzahl der der Religion gewidmeten Forschungs- und Exzellenz-Cluster ist ein äußerliches Indiz dafür. Die hohe Komplexität von Religion bringt es mit sich, dass mittlerweile eine Vielzahl von Disziplinen sich des Phänomens Religion in seinen verschiedenen Schattierungen annehmen.

Sie thematisieren unterschiedliche Aspekte des schwierigen und vieldeutigen Komplexes. Doch wo ist die Einheit zwischen ihnen? Zu erinnern bleibt in diesem Zusammenhang der Anspruch von Ernst Troeltsch, der in ähnlicher Weise von Max Weber geteilt wurde: Er zielte auf eine umfassende Disziplin der Religionswissenschaft, die Religionsphilosophie, Religionspsychologie, Religionsgeschichte und Religionssoziologie umfassen sollte. Als entscheidend wurde erkannt, dass das umfassende Faktum und Phänomen von Religion im Pluralismus der Disziplinen erschlossen werden kann. Zugleich sei aber ein Blick, der sie verbinden könne, unerlässlich.

Max Weber formulierte, aufgrund enger Gespräche mit Troeltsch, sein eigenes Forschungsprogramm prägnant in einem Brief an seinen Verleger Siebeck vom 30. 12. 1913. Die großen Religionen der Erde sollten in Beziehung zu den realen Verhältnissen von Wirtschaft und Herrschaft gesetzt werden. Es gehe um eine »Soziologie der Erlösungslehren und der religiösen Ethiken: jetzt für alle Religionen, endlich eine umfassende soziologische Staats- und Herrschaftslehre.« Troeltschs Programm war im systematischen Zuschnitt der Forschung sogar noch weiter gefasst. Allerdings wollte er sich material auf das Christentum und seine Strömungen begrenzen. So lassen sich bei Troeltsch vier Fragen isolieren: Zunächst fragt er nach der Vorstellung von Individuum und Gemeinschaft, die sich aus dem Kern der Religion ergibt, sodann nach der Verfassung der Gemeinschaft der Gläubigen und der Innen- Außen-Differenz in einer Religion. Weiterhin seien die Folgen der Religion für das Ideal menschlichen Zusammenlebens zu beachten, und damit ist die Frage des Zusammenlebens von Gläubigen und Nicht-Gläubigen zu untersuchen. Viertens wirft Troeltsch die Frage auf, wie eine religiöse Tradition die Strukturen von Gesellschaft und Staat beeinflusst hätte und umgekehrt.[21] Die uneingelöste Aktualität dieses Forschungsprogramms ist jüngst von Hans Joas unterstrichen worden.[22]

Religionssoziologie

Emile Durkheims streng laizistische Beschreibung des Verhältnisses von Religion und Gesellschaft ist eine ausgeprägte Säkularisierungstheorie. Es sind die Bindekräfte der Religion, insbesondere ihre Sakralität, die als Legitimations- und Symbolisierungsinstrument der Gesellschaft wirken. Durkheim hat immer Wert darauf gelegt, Gesellschaft nicht nur als Summe von Individuen zu begreifen, sondern als eine »große moralische Macht«, die die Individualinteressen und -perspektiven übersteigt. Ohne einen Kern, der aus der Religion kommt, lasst sich der Zusammenhalt keiner Gesellschaft denken. Es ist sofort zu erkennen, dass Durkheims Religionsbegriff funktionalistisch ist. Unstrittig war Durkheim der Auffassung, dass die säkulare Gesellschaft Erbe der Rolle der Religion ist. Er hat aber an zentraler Stelle festgehalten: »Es gibt also in der Religion etwas Ewiges, dazu bestimmt, alle partikularen Symbole, mit denen das religiöse Denken abwechselnd sich umgeben hat, zu überdauern. Es kann keine Gesellschaft geben, die nicht das Bedürfnis verspürte, in regelmäßigen Abständen kollektive Empfindungen und Ideen, die ihre Einheit und Persönlichkeit bilden, zu unterhalten und zu bekräftigen«.[23]

Georg Simmel sah dagegen eher eine Analogie zwischen dem »Verhalten des Individuums zur Gottheit und dem zur sozialen Allgemeinheit«.[24]

Günter Dux hat in einer Verbindung aus geistesgeschichtlicher und soziologisch genetischer Betrachtungsweise Religion in ähnlicher Weise als eine Frühstufe von Gesellschaft gefasst, als Bestimmung der Wirklichkeit durch übernatürliche Subjekte, die in zunehmendem Grade durch das Erreichen einer neutralen Sachebene überflüssig würde.[25] Dieser Ansatz bleibt offensichtlich hinter den komplexeren Explikationen von Durkheim und erst recht Max Weber gleichermaßen zurück, weil er die Religion zu einer Früh- und Vorform degradiert. Wolfhart Pannenberg wandte aus theologischer Sicht dagegen ein, dass die moderne, gesellschaftlich vermittelte Subjektivität, deren Genese Dux erklären möchte, in seiner Explikation schon vorausgesetzt wird.[26]

Bemerkenswert ist es von heute aus, dass seit den sechziger Jahren die Frage nach dem Untersuchungsgegenstand der Religionssoziologie selbst auf dem Prüfstand steht. Der Kirchensoziologie kommt dabei schwindende Bedeutung zu, da Religiosität weit über Kirchenzugehörigkeit hinausgeht. Daraus, dass Kirchenzugehörigkeit abnimmt, ist keinesfalls zu folgern, dass auch die gesellschaftliche Bedeutung der Religion zurückgeht. Institutionalisierbarkeit der veränderten, teils eklektizistischen religiösen Lebenswelten wird gerade in modernen, pluralen Gesellschaften zunehmend zum Problem. Helmut Schelsky hat in der Folge seines Lehrers Arnold Gehlen davon gesprochen, dass Institutionen wie die Kirchen keinesfalls die Erfüllung der Erwartungen religiöser Subjektivität sicherstellen. Sie können aber die Möglichkeit zu einer religiösen »Dauerreflexion« offenhalten. Dabei ist einschränkend zu bemerken, dass Schelsky Religion, in sehr protestantischem Sinn, auf Reflexion konzentriert. Thomas Luckmann hat, in Anknüpfung sowohl an Durkheim als auch an Max Weber, Religion als Sinntranszendenz gedeutet. Privatisierung und Pluralisierung kennzeichnen gleichermaßen Religionen in der modernen Gesellschaft, wodurch Religion zu einem eher »peripheren Bewusstseinsphänomen« wird.[27] Durch diesen Tatbestand verliert die genuin kirchensoziologische Betrachtungsweise an Bedeutung. Luckmann hat bemerkenswert scharf das Paradoxon formuliert, dass »Religion in ihrer tradierten sozialen Form biographiefern wird, dass sie ihre typische, durchschnittlich integrierende Funktion für das Handeln im Alltag verloren hat, also in einem gewissen Sinn des Wortes aufgehört hat, Religion zu sein«.[28] Doch dies bedeutet keinesfalls ein Ende der Religion.

Peter Berger, der den modernen und postmodernen religiösen Pluralismus weiter untersucht hat, sieht ihn durch die Schismata des abendländischen Christentums vorbereitet. In den Denominationen Nordamerikas sieht er die Tendenz zu Pluralität und Privatreligion sehr weitgehend realisiert. Berger wie Luckmann gehen von einem funktionalen Begriff der Religion aus. Berger versucht aber, der Wirklichkeit, auf die religiöses Vorstellen und Handeln bezogen ist, auch Rechnung zu tragen, also Innen- und Außenperspektive miteinander zu verbinden, wenn er bemerkt, Religion beziehe sich auf einen heiligen Kosmos. Berger, der sich seiner Doppelidentität als Soziologe und christlicher Theologe sehr bewusst ist und ihr in öffentlichen Auftritten auch inszenatorisch Rechnung trägt, hat auch die Ambivalenz von Religion soziologisch zu beschreiben versucht. »So kann man sagen, dass Religion in der Geschichte als welterhaltende und welterschütternde Macht auftritt. In beiderlei Gestalt hat sie sowohl entfremdend gewirkt als auch Entfremdung aufgehoben«.[29]

Im Zusammenhang seiner allgemeinen soziologischen Systemtheorie hat sich Niklas Luhmann eingehend mit der Religion befasst. Luhmann beschreibt Säkularisierung nicht als einen immanenten Prozess von Religionen, namentlich des Christentums. Sie ist eine Form gesellschaftlicher Ausdifferenzierung. Der Religionsbegriff Luhmanns ist dabei fast ausschließlich funktional gefasst. Im Zuge der Modernisierung verlieren verschiedene gesellschaftliche Teilsysteme religiöse Funktionen. Dies liegt in der Konsequenz der Luhmannschen Konzeption von Differenzierung als »Vermeidung des Umstandes, dass die Operationen eines Teilsystems in einem anderen Teilsystem zu unlösbaren Problemen führen«.[30] Umwelt sind andere gesellschaftliche Subsysteme gegenüber der Religion, insofern sie selbst nicht religiös kodiert sind. Der religiöse Code von Politik oder Kunst tritt zumindest im neuzeitlichen Europa in den Hintergrund. Dieser Befund bedeutet in Luhmanns Beschreibung zugleich, dass sich Religion als eigenes System ausdifferenziert. Nach Luhmann besteht die Funktion der Religion darin, eine unbestimmbare gesellschaftliche Komplexität in bestimmbare Komplexitäten zu transformieren. Dabei unterscheidet Luhmann drei Funktionsweisen, die der Religion zur Verfügung stehen: geistliche Kommunikation in der Kirche, die sich in der Moderne aber zunehmend an einzelne Individuen richtet; zum zweiten die Leistungen der Diakonie in innergesellschaftlichen Systemen und schließlich die religionsspezifische Reflexion, die er der Theologie zuweist.

Über diese Fixierung auf das Christentum ist Luhmann in seinem nachgelassenen Werk ›Die Religion der Gesellschaft‹ ebenso hinausgegangen wie über die westliche und europäische Verengung des Blicks.[31] In diesem zweiten religionssoziologischen Entwurf sieht er Religionen in der hochdifferenzierten modernen Gesellschaft durch ein zweifaches für sie konstitutives Charakteristikum ausgezeichnet: »requisite variety« und »requisite simplicity«. Religionen erprobten selbst Mischungsverhältnisse zwischen beiden Polen, so dass sie keineswegs einfach als »Komplexitätsreduktion« zu begreifen seien. »Das Religionssystem insgesamt müsste dann die Differenz von Glaubenden, von Andersglaubenden und von Nichtglaubenden akzeptieren können und gerade aus der Differenz, aus dem Anderssein, Möglichkeiten der Stärkung des Glaubens gewinnen«.[32] Luhmann unterzieht deshalb den Säkularisierungsbegriff einer grundsätzlichen Überprüfung. Säkularisierung beruhe auf einem differenz-verneinenden identifizierenden Kulturbegriff, der »das unmittelbare Verhältnis zum Anderen unterbricht und ihm eine Identität zuschreibt, an der der Beobachter nicht beteiligt ist«.[33] Um jene Differenz auch aus der Beobachterperspektive offenzuhalten, legt Luhmann größten Wert auf die Selbstbeschreibung der Religion. Er fasst die Sicht der Aufklärung auf Religion darin als eine vergangene Illusion auf, dass mit der Konstitution einer Weltgesellschaft die Aussichten auf eine einheitliche Weltreligion sich eher vermindern als verstärken. Ähnlich wie später für Ulrich Beck wird es auch für Luhmann zum Problem, dass Religion nicht nur Gegenstand soziologischer Forschung sein kann, sondern dass es zwischen der Beobachtung und der Selbstbeschreibung selbst zu einer Kommunikation kommen müsse, deren jeweilige Teilnehmer füreinander Andere sind und damit verletzlich werden.

Die innere Paradoxie des Verhältnisses von Religion und ›Säkularisierung‹ beschreibt Luhmann so, dass das ›Parsonssche Gesetz‹, wonach Kultur »auf stärkere strukturelle Differenzierung mit einer stärkeren Generalisierung ihrer Einheitssymbolik reagiert« an der Religion eine Grenze findet.[34] Eine solche Generalisierung würde den tradierten symbolischen und mythischen Code der Religionen zerstören. Doch dies ist offensichtlich nicht der Fall. Religionen sind also zur Diversifikation disponiert, da keine Religion »eine Widerlegung durch externe Kriterien zulässt«.[35]

Darauf, dass ein allgemeines Christentum zunehmend außerhalb der Kirchen seinen Ort findet, hat auch Trutz Rendtorff, Theologe in der Folge von Troeltsch mit religionssoziologischen Interessen, schon früh hingewiesen. Allerdings bringen er und seine Schule zunächst überwiegend westeuropäische oder auch amerikanische Entwicklungen in den Blick. Eine grundlegende Kritik an den Verengungen der Religionssoziologie geht oftmals, wie besonders eindrucksvoll bei Joachim Matthes,[36] mit einer kulturvergleichenden Perspektive einher. Matthes versteht die

Spannung zwischen dem Phänomen der Religion selbst und dessen sozialwissenschaftlicher Analyse als Paradefall einer Übersetzung kultureller in wissenschaftliche Begriffe. Sie könne nicht gelingen, »indem man sie auf eine höhere Abstraktionsebene bringt und ihnen dann eine universelle Wertigkeit verleiht, sondern durch sorgfältiges Zurückverfolgen ihrer kulturellen Entstehungsgeschichte in wirklich vergleichender Weise. Die meisten Kernbegriffe, die von Sozialwissenschaftlern verwendet werden, wie derjenige der ›Religion‹ sind weit davon entfernt, *per se* universal zu sein, sondern warten noch darauf, in dieser reflektierten Weise universell verwendbar zu werden«.[37] Die Einsicht, dass die Reichweite von Religion immer weitergehend von Kirchenzugehörigkeit divergiert, ist schon von Semler im Jahr 1786 angedeutet worden, wenn er formuliert: »Die Menschen sind nicht mehr da, welche damit zufrieden waren, dass sie durch die Kirche selig würden«. Berger und Luckmann auf der einen, Luhmann auf der anderen Seite ziehen unterschiedliche Folgerungen aus dem Befund der Säkularisierung: Für die ersteren betrifft die Krisis in erster Linie die verfassten Religionsgemeinschaften, während Religion Teil subjektiver Verständigung bleibt. Für Luhmann wird subjektive Religiosität entbehrlich, während sie in den Systemen und Institutionen der Gesellschaft nach wie vor von Bedeutung ist. Die neuere Religionssoziologie sieht die Situation weniger dramatisch als dies bei Troeltsch der Fall war, der meinte, das Christentum werde entweder zur Sekte erstarren oder sich ganz in die moderne Welt auflösen. Die grundlegende Prägung geht von der zunehmenden Religionsneutralität der Bereiche der Gesellschaft aus, die sich von der Religion abgrenzen lassen. Allerdings muss man wohl eine Wechselwirkung zwischen dem Fortgang der Säkularisierung und jener Neutralität, für die die Trennung zwischen Religion und Politik besonders eindrucklich ist, annehmen.

Dabei lässt sich feststellen, dass die Ausdifferenzierung einzelner Funktionszusammenhänge der Gesellschaft wie Politik, Recht, Ökonomie und der Wegfall von christlich geprägten Ordnungsmodellen, wie des Naturrechts, eine Entchristlichung des Alltags in der westlichen Welt bedeutete. Auch die Beschleunigung dieses Prozesses in der zweiten Hälfte des 20. Jahrhunderts durch Urbanisierung und Mobilität ist zunächst nicht von der Hand zu weisen. Dennoch muss man sich auch Rechenschaft über die Begrenztheit der Befunde auf bestimmte westliche Gesellschaften ablegen.

Darüber sollte man jedenfalls nicht die umgekehrte Tendenz in den westlichen säkularen Gesellschaften übersehen, wonach die großen Religionen mit ihrer spezifischen Verbindung mit Vernunftmotiven durch eklektizistische und synkretistische Formen einer ›neuen Religiosität‹ zurückgedrängt werden. Die Unterscheidung zwischen Religion und Magie wird damit unterlaufen. Dass diese Praktiken überhaupt wirksam werden können, ist vielmehr davon abhängig, dass sie aus der Rationalität heraustreten.

Wie schon bemerkt, hat Ulrich Beck in jüngster Zeit scharf die grundsätzliche Differenz zwischen dem säkularen Zugriff der Sozialwissenschaften und der Religion festgehalten. Er erkennt in der ›Wiederkehr der Religion‹ eine grundsätzliche Krise der Moderne, insofern diese ihrem Selbstverständnis nach weitgehend säkular ist. Auch bei Beck werden die klassischen Topoi der Religionssoziologie aufgenommen und fortgesetzt: Ins Zentrum rückt er das von ihm so bezeichnete »Paradox der Säkularisierung«. Dadurch, dass Religion durch Differenzierungsprozesse aus der gesellschaftlichen Mitte geworfen worden sei, sei sie dazu ermächtigt, »nichts als Religion« zu werden. Im Kern der ›Wiederbelebung‹ der Religion in Europa steht auch für Beck die Entkoppelung von institutioneller Religion und subjektivem Glauben. In Toleranz und Gewalt, Grenzsetzung und Entgrenzung des Anspruches auf Mensch und Gesellschaft erkennt er das unaufhebbare Janusgesicht aller Weltreligionen. Im Anschluss an Assmann spricht Beck daher von der ›doppelten Religion‹, in der sich der universale weisheitliche Kosmopolitismus der Weltreligionen und der spezifische Glaube an den eigenen Gott, also das Aufklärungsprojekt der Individualisierung und Privatisierung von Religion, miteinander verbinden müssten. Becks Ansatz ist zumindest in demselben Maß normativ wie deskriptiv. Damit verlässt er aber die genuin religionssoziologische Fragestellung. Es gehe im 21. Jahrhundert darum, Religion zu kosmopolitischer Dialogfähigkeit weiterzuentwickeln. Dadurch könne sie einen entscheidenden Beitrag zur ›Zivilisierung der Zivilisation‹ erbringen. Methodisch fragwürdig dürfte es sein, dass Beck die Religionssoziologie nur als Appendix seiner allgemeinen Diagnose der Weltrisikogesellschaft mit ihren nicht einhegbaren, durch mediale Vermittlung und psychologische Bedrohungen wesentlich konstituierten Gefährdungspotenzialen begreift. Es stellt sich die Frage: Kann damit dem eigenen Charakter des Phänomens der Religion Rechnung getragen werden?

Religionspsychologie

Die Religionspsychologie ist in ähnlichen Schwierigkeiten befangen. Als ihr Begründer kann der amerikanische Pragmatist William James (1842-

1910) mit seinem Werk ›The Varieties of Religious Experience‹ (1902) begriffen werden. James geht davon aus, dass Emotionen, die auch aus dem profanen Leben geläufig sind, in der religiösen Erfahrung wieder begegnen. Sie erfahren allerdings eine Steigerung, da sie nun auf ein »absolutes Objekt« bezogen werden. In einem religionskomparativen Blick, der die Prägung durch die protestantische Religionskultur im Amerika seiner Zeit nicht verleugnen kann, untersucht James Bekehrung, Gnade, Wiedergeburt, Zweifel, Erlangung oder Wiedererlangung von Gewissheit. Er hat den »Menschen in seiner Einsamkeit« im Blick, der sich selbst im Gegenüber zu ›etwas‹, das er als göttlich betrachtet, als Person wahrnimmt. Dieser solipsistische Zug bleibt problematisch. James' Ansatz changiert allerdings zwischen Psychologie und Philosophie; denn grundlegend ist das pragmatistische Wahrheitsverständnis, demzufolge religiöse Vorstellungen als wahr gelten können, solange sie sich für ein Individuum bewähren. Besteht doch im pragmatistischen Sinne Wahrheit in der Nützlichkeit für Orientierung im Erfahrungsrahmen.

Empirische Religionspsychologie bewegt sich idealtypisch zwischen den folgenden beiden, von Falk Wagner herausgearbeiteten Extremen. Sie kann ›Religionspsychologie ohne Religion‹ oder aber ›Religionspsychologie ohne Psychologie‹ sein. Ersteres ist der Fall, wenn Bewusstseins- oder Verhaltensweisen untersucht werden, die religiösen Inhalte aber diesem Bewusstsein akzidentell sind. (Gruehn, Pruyser).[38] Die zweite Gefahr droht, wenn der folgende religionsphänomenologisch durchaus zutreffende Befund zum Ausgangspunkt religionspsychologischer Analysen gemacht wird: »Die Religion gliedert sich in eine differenzierte Struktur, die es uns verbietet, wie die Motivationspsychologie ein ›religiöses Bedürfnis‹ zu postulieren.«[39]

Sehr differenziert hat ein Theologe, Ulrich Mann, sowohl in der praktisch therapeutischen als auch der historischen und schließlich der systematischen Religionspsychologie die Unterscheidung zwischen der ›Psyche in religiöser Perspektive‹ und der ›Religion in psychologischer Perspektive getroffen und eine komplementäre Erörterung skizziert.[40]

Dies ist auch der Ansatz der tiefenpsychologischen Befassung mit Religion bei Freud und C. G. Jung. Sie soll erst an späterer Stelle dargestellt werden.

Religionswissenschaft

Die Genese moderner Religionswissenschaft berührt sich, wie bei ihren frühen, sehr produktiven Exponenten Friedrich Heiler, Gerardus van der

Leeuw und auch Mircea Eliade deutlich wird, mit der Religionsphäno-menologie. Zumindest in ihrer konstitutiven Phase war die Religions-wissenschaft von einem Dualismus zwischen einzelwissenschaftlichen Methoden (philologisch, historisch, ethnographisch) einerseits und Ein-fühlung, intuitivem Verstehen andrerseits bestimmt. Van der Leeuw spricht davon, dass die beobachteten und klassifizierten Phänomene der Religion so in das existenzielle menschliche Leben des Forschers einbe-zogen werden sollten, dass sie Teil seines bewussten Lebens werden.[41]

Dabei ist zutreffend, dass die Spannung zwischen Innen- und Außen-perspektive in der Religionswissenschaft wohl unauflöslich ist. Als pro-blematisch erweist sich die in der älteren Religionswissenschaft expli-zierte These, dass die Intuition auf einen allgemein menschlichen Erfahrungshintergrund zurückzuführen sei. Ethnologie und die Kon-frontation mit den Selbstbeschreibungen anderer Kulturen und Religio-nen in ihrer Antwort auf den europäischen Rationalismus haben in-zwischen das Bewusstsein dafür geschärft, dass es auch Grenzen der Übersetzbarkeit und der Intuition gibt.

Die phänomenologische Prägung der Religionswissenschaft hat ei-nerseits eine höhere Sensibilität gegenüber objektivistischen und episte-mischen Kurzschlüssen mit sich gebracht als in Religionssoziologie oder auch Religionspsychologie. Die Kehrseite ist aber eine problematische Fixierung auf die reinste und originärste Gegebenheit religiöser Phäno-mene. G. Widengren sprach von der »Ursprungs-Jagd« nach dem ›Homo religiosus‹, die sich, insbesondere bei Eliade, mit einer Präferenz für das Archaische verband. So ging man lange Zeit unbefragt davon aus, dass dieser archaische Mensch primär in einer »religiösen Welt« lebe, die der Mensch der vermeintlichen ›areligiösen Moderne‹ nicht mehr erkennen könne.[42] Offensichtlich erlagen Eliade und andere hier der Täuschung einer linearen, Religion revidierenden Fortschrittsgeschichte, gegen die sie sich gerade wendeten.

In den letzten Jahrzehnten hat sich an der Orientierung der Religi-onswissenschaft wesentliches geändert. An die Stelle der Einfühlung sollte Beobachtung treten.[43] Clifford Geertz hat diese Forderung in sei-nem Epoche machenden Aufsatz ›Religion als kulturelles System‹ (1966) erhoben. Damit widersprach er auch dem sozialwissenschaftlichen Funktionalismus; Religionen seien keineswegs nur Widerspiegelungen sozialer Ordnung, sie formen sie auch aus. Geertz bewegt sich damit in der Folge von Max Weber. Dass Religion in der Moderne in die Privat-sphäre rücke, ist nach Geertz eine Täuschung und trifft in dieser Allge-meinheit keineswegs zu. »Kultur ist deshalb öffentlich, weil Bedeutung etwas Öffentliches ist«, hat Geertz bemerkt.[44] Dabei bot die sozialwissen-schaftliche Handlungstheorie einschließlich der pragmatistischen Philosophie wichtige Anknüpfungspunkte. Im Sinne der amerikanischen Pragmatisten, Dewey, Peirce oder James ist von Wahrheit nur in Handlungskontexten sinnvoll zu sprechen. Ein kontextunabhängiger Rationalitätsbegriff erweist sich als kaum einlösbar. In ganz ähnlichem Sinn bemerkte Max Weber: »Dem Forscher kann ein von ihm zu erklärendes Handeln im höchsten Grunde zweckrational, dabei aber an für ihn ganz ungültigen Annahmen des Handelnden orientiert erscheinen«.[45]

Gerade die Erforschung sogenannter ›primitiver Religionen‹ und Stammeskulturen an der Schnittstelle zwischen Religionswissenschaft und Ethnologie steht im Schatten des Kolonialismus. Koloniale und imperiale Deutungsmuster zeigen sich deshalb auch in Begriffen wie der »primitiven Mentalität«, die Lévy-Bruhl konstatierte und als prälogisch begriff. Um diese Auffassung zu korrigieren, verwies man darauf, dass die okzidentale europäische Hochkultur und Stammeskulturen darin übereinstimmten, dass ungeprüft die Auffassungen der eigenen Zivilisation dem Handeln und seiner Beurteilung zugrundegelegt werden. Wittgensteins Gedanke der kontextuellen Sprachspiele spielt auf dem Weg zu einer modernen vergleichenden Religionswissenschaft eine entscheidende Rolle. Gegen die Exponenten dieser Auffassung wurde aber auch der Einwand des Relativismus laut, besonders eindrücklich von Ernest Gellner vorgetragen. Clifford Geertz entgegnete darauf nicht mit einer Verteidigung des Relativismus, wohl aber so, dass er einwandte, das Datenmaterial von Ethnologie und vergleichender Geschichtsforschung sei ein »massives Argument gegen den Absolutismus im Denken, in der Ethik und im ästhetischen Urteil«.[46] Damit ist genau der Punkt erreicht, an dem interkulturelle Religionstheorien heute einsetzen (vgl. weiter unten II. 8: Religion und Interkulturalität im 21. Jahrhundert). Insbesondere war es die Philosophie der ›radikalen Interpretation‹ von Donald Davidson, der für diese Grundlagendiskussion in der Religionswissenschaft Bedeutung zukam. ›Radikale Interpretation‹ geht von der fiktiven Annahme eines Interpreten aus, der ohne alle Vorkenntnis eine völlig fremde Sprache zu lernen versucht. Gemäß dem ›Principle of charity‹ (Prinzip des Wohlwollens) von Davidson muss vorausgesetzt werden, dass dieses fremde Sprachsystem in sich kohärent und stimmig ist. Man muss, mit anderen Worten, voraussetzen, dass es um die Übersetzung aus einem intelligenten Sprachspiel in ein anderes intelligentes Sprachspiel geht.

Die gegenwärtige Religionswissenschaft misstraut in ihren maßgeblichen Vertretern allem Essenzialismus. Sie möchte also nicht mehr vom

›Wesen‹ von Religion überhaupt, aber auch nicht vom Wesen einer einzelnen Religion sprechen. Sie versteht sich zumindest bei nicht unmaßgeblichen Vertretern als Filiation der Kulturwissenschaft. Damit könnte sich, bei allem erhöhten Problembewusstsein, aber auch die Gefahr einer Verengung andeuten. Doch was ist das Proprium von Religion gegenüber dem Symbolzusammenhang von Kultur? Gingen kulturelle und künstlerische Symbolisationen nicht durchgehend aus Religion hervor? Deshalb ist der Versuch einer Bestimmung des Wesens von Religion nach wie vor erwägenswert, wenn er nicht in allgemeine anthropologische Universalismen ausweicht, sondern seinerseits in eine ›dichte Beschreibung‹ führt. Carl Heinz Ratschow sprach davon, dass »das Lebensgefühl der religiösen Kulturen [...] aus erfahrener Spaltung [sc. existiert] und der religiöse Kultus geht auf Einheit aus«.[47] Evans-Pritchard, der sich intensiv mit Hexenglauben und Magie bei afrikanischen Völkern befasste, stellte in diesem Zusammenhang den Grundsatz auf, dass eine Handlung niemals ohne Glaubensanschauung zu erklären sei und umgekehrt.[48]

Heutige Religionswissenschaft ist eine integrative Disziplin, die freilich je nach ihren Fachvertretern und dem Ort, an dem sie gelehrt wird, stärker zu kulturwissenschaftlichen, religionssoziologischen oder -psychologischen Zuschnitten neigt. Religionsphilosophie wird dabei als eine »metatheoretische Fundamentaldisziplin« begriffen.[49] Zugleich ist aber zu Recht darauf hingewiesen worden, dass »eine Religionsphilosophie, die die Religion den Grenzen der ›reinen Vernunft‹ einordnet, nicht Teildisziplin einer Religionswissenschaft sein kann, die die Religion als unableitbare Größe sui generis behandelt«.[50]

Religionswissenschaft ist dabei durch Methodenpluralität gekennzeichnet. Sie kennt den historischen Zugang der Religionsgeschichte. Sie ist unentbehrlich, um konkrete Religionen erfassen zu können. *Allgemeine Religionsgeschichte* versucht einen universalen Blick. Heute ist diese Disziplin allerdings zumeist nur als enzyklopädisches Unternehmen mit verschiedenen Verfassern anzulegen. Auf die zielbestimmte Matrix, die die Religionen gleichsam hierarchisiert (Hegel) wird mittlerweile verzichtet. Ein Schwerpunkt gegenwärtiger Religionswissenschaft liegt bei den Hochreligionen, was zu Recht als Einseitigkeit kritisiert wird. *Besondere Religionsgeschichte* ist unerlässlich für die allgemeine. In ihr Feld gehören die historisch bedingten Varianten innerhalb einzelner Religionen. Sie haben ebenso im Christentum wie im Hinduismus oder Buddhismus, auch im Judentum zu höchst unterschiedlichen Ausprägungen ein und derselben Religion geführt. Eine große Bedeutung kommt dieser historischen Betrachtungsweise heute in zweierlei Hinsicht zu: zum einen kann man nach dem, was eine Religion gegenüber anderen auszeichnet und was in ihr für wahr gehalten wird, nicht fragen, ohne zugleich die geschichtlichen Wandlungen zu kennen; zum anderen ist die Kenntnis der Geschichte und Zeitgeschichte der Religionen unerlässlich in der angewandten Religionswissenschaft, die in den letzten Jahren besonders brisant und wichtig wurde. Es geht dabei insbesondere um Koexistenz und Dialog der Religionen, aber auch um den didaktischen Aspekt, wie ein friedliches Zusammenbestehen unterschiedlicher Religionen und der mit ihnen verbundenen Absolutheitsansprüche erreicht werden kann.

Religionswissenschaft versucht, das Unterscheidende und Spezifische herauszuarbeiten. Dabei bleibt es von Bedeutung, Typologien zu gewinnen, die jene Züge betonen, die in einzelnen Religionen besonders hervortreten: den Charakter der Buchreligion, Erlösungsreligion, Religion der Deszendenz (Menschwerdung) Gottes. Damit wird wohl auch dazu beigetragen, Verbindungen zwischen Selbst- und Fremdverständigung von Religionen zu ermöglichen. Systematisch und komparativ kristallisieren sich zentrale Themen heraus: u.a. die jeweiligen Vorstellungen der göttlichen Wirklichkeit (im Vergleich des monotheistischen Gottesbegriffs mit den Größen von Nirvana, Brahman oder Dao). Sodann die Rolle, die Schöpfungs- und Jenseitsvorstellungen zukommt. In diesen Bereich gehört auch die Bedeutung der Heiligen Schriften und des Mythos. Weiterhin spielt die Frage der Praxis, des Rituals, u.a. Gebet, Meditation, Gottesdienst, Gliederung des Jahres, eine Rolle. Schließlich aber sind, zumindest seit Max Weber und Ernst Troeltsch, auch die wirtschaftlichen, sozialen und gesellschaftlichen Implikationen von Religionen wesentlich mit in Betracht zu ziehen. [51]

Im Zusammenhang funktionalistischer Religionstheorien wird immer wieder der Sinnbegriff ins Feld geführt. Religion sei Lebens- und Sinndeutung, heißt es in wenig spezifischer Weise. »Unsere ganze Zeit ringt mit der Verzweiflung des Sinnverlustes wie die vorreformatorische Zeit mit der Verzweiflung der Schuld«, schrieb der Theologe Paul Tillich schon in den zwanziger Jahren. [52] In einem Brief an Emanuel Hirsch hat Tillich dies noch zugespitzt: »Das Göttliche ist Sinn, nicht Sein«. [53]

Es dürfte nicht zuletzt die Frage nach dem Sinn gewesen sein, die in den zwanziger Jahren die Frage nach der Religion in den Vordergrund treten ließ. Sinn sei, so wird in heutigen religionsphilosophischen Ansätzen festgestellt, [54] universales Medium von Welt- und Selbstauslegung. Denn Sinn ist nicht auf einen Wahrheitswert festgelegt, sein Umfang ist weiter gefasst. Man geht dann davon aus, dass Sinn das umfassende

Medium sei, in dem sich die Spannung von Erleben und Deuten am religiösen Phänomen einstelle. Im Rahmen der Theoriebildung von Religionswissenschaft und -philosophie hat der Sinnbegriff einen gewissen Reiz: So kann er auch als verbindendes Medium zwischen Semantik, Semiotik und Ontologie oder Subjektivitätstheorie firmieren. Er trägt auch dem Umstand Rechnung, dass Religion weder eindeutig der Objekterkenntnis noch der Selbsterkenntnis zuzuordnen ist.

Allerdings ist der Sinnbegriff formal und inhaltsleer. Dass Religion in dieser Orientierung in einem irreduktiblen Verweisungszusammenhang zur Kultur erscheint, ist ein Problem dieses Ansatzes. »Wie die einzelnen Kulturgebiete über sich hinausweisen auf Religion, so wird Religion nur erlebbar an kulturellen Einstellungen«.[55] Dies zeigt die Voraussetzung einer Moderne-Situation, die Religion lediglich als Form, nicht aber als komplexes Phänomen in seiner Widerständigkeit und seinem Überschuss gegenüber Modernisierung, Rationalität, Säkularität begreifen kann. Wittgenstein hat dem Sinnbegriff schon in seiner Frühzeit eine Dimension gegeben, die über jene Grenze hinausführt. Die religiöse Rede von Gott ist damit aber in keinen propostionalen Zusammenhang integrierbar. Am 11. 6. 1916 notiert er in sein Kriegstagebuch:
»Was weiß ich über Gott und den Zweck des Lebens?
Ich weiß, dass diese Welt ist.
Dass ich in ihr stehe wie mein Auge in seinem Gesichtsfeld.
Dass etwas an ihr problematisch ist, was wir ihren Sinn nennen.
Dass dieser Sinn nicht in ihr liegt, sondern außer ihr. Dass das Leben die Welt ist. Dass mein Wille die Welt durchdringt.
Dass mein Wille gut oder böse ist.
Dass also Gut und Böse mit dem Sinn der Welt ...zusammenhängt.
Den Sinn des Lebens, d.i. den Sinn der Welt, können wir Gott nennen«.[56]

Merksatz

Religion ist ein hochkomplexes Phänomen, das neben Annahmen und Aussagen durch Riten, Kultus, Lebensgestaltung geprägt ist.
- **Dem entsprechend sind so verschiedene Disziplinen wie Religionssoziologie, Religionspsychologie, Religionsgeschichte mit ihr befasst, die komplementär ineinander greifen müssen.**
- **Religionsphilosophie kann dabei eine verbindende Brückenfunktion einnehmen und Innen- und Außenperspektiven auf Religion aufeinander beziehen.**

Religion im Profil

Religion und Vernunft: Debatten in Antike und Mittelalter

Platon: oder wie die Götter zur Idee wurden

Wenn man über den Religionsbegriff in der Alten Welt nachdenkt, muss man sich immer bewusst machen, dass ›religio‹ ein lateinischer Begriff ist, der zunächst konventionelle, äußerliche rituelle Pflichterfüllung beschreibt und erst von Cicero als Tugend begriffen wird. Dann zeigt sich seine semantische Nähe zu Achtung (pietas), Dankbarkeit (gratia) u.a.[57]

Die antiken griechischen Philosophenschulen und auch noch die Platonische Philosophie ist als Lebensform aus den antiken Mysterien-Schulen hervorgegangen. Sie steht damit in einem engen Verhältnis zu einer esoterischen Form der Religion. Dies lässt sich nicht nur an der Platonischen Akademie erkennen, sondern auch an Platons metaphorischen Hinweisen auf die ›kleinen‹ oder ›größeren‹ Einweihungen (etwa im ›Phaidon‹, dem Dialog über die Unsterblichkeit der Seele).

Ein genaues Äquivalent für den Begriff ›religio‹ wird man in der griechischen Kultur allerdings nicht finden. Obwohl es die Abgrenzung zwischen dem Numinosen und dem Profanen gibt, die in der Abgrenzung des heiligen Ortes ›Themenos‹ (Tempelbezirk) sichtbar wird, durchdringt die Erfahrung der Götter die Lebenswirklichkeit der Polis so unmittelbar, dass jene Unterscheidung nicht vorgenommen wird.

Mit Platon (427 v.Chr.-347 v. Chr.) findet die Kritik an der mythologischen Volksreligion der Griechen ihren Höhepunkt. Den Anthropomorphismus, also das Faktum, dass die Polisgötter nach menschlichen Maßstäben geschildert werden, hatte schon Xenophanes (570 v. Chr.-475/70 v. Chr.) scharf kritisiert. Die Gottheiten der verschiedenen Völker sind gezeichnet wie die Menschen dieser Ethnien. Wenn, so Xenophanes, Esel oder Kühe Götter hätten, würden diese auch als Esel oder Kühe gezeichnet werden.

Der philosophischen Religionskritik geht es also darum, die Projektionen des polytheistischen Volksglaubens aufzudecken. Zugleich zielt sie auf eine Vergeistigung des Gottesbegriffes. Das Göttliche wird in der frühgriechischen Philosophie bei Anaxagoras (500 v. Chr.-428 v. Chr.) als NOUS (Vernunft) aufgefasst. Es ist also gerade nicht persönlich. Damit beginnt der für die gesamte europäische Verbindung zwischen Religion und Vernunft entscheidende Gedanke des Zusammenhangs, ja der Identität zwischen dem Göttlichen und dem Vernünftigen. Platon, Aristoteles, die Stoa schließen sich dieser philosophischen Maxime an. Die Verbindung von hellenistischer Philosophie und Christentum, die im Prolog des Johannes-Evangeliums vom Mensch gewordenen Logos (Johannes 1) in der Areopag-Rede des Paulus (Apg. 17) oder dem Christus-Hymnus im Philipper-Brief (Phil. 2) Niederschlag findet, hat dies zur Voraussetzung.

Zugleich bedeutete diese Vergeistigung und Reinigung eine Entsinnlichung. Der philosophische Monotheismus ist gegenüber dem Polytheismus eine Entleerung vom Göttlichen. Er hat also gegenüber der Volksreligion zugleich atheistische Züge. Das Göttliche weicht aus der Welt zurück.

Es kommt hinzu, dass die griechische Götterwelt durch die Epiker, Homer und Hesiod, geformt und erst in ihrer Hierarchie und Ordnung niedergelegt worden war. Der Historiker Herodot kann deshalb zu Recht sagen, die beiden großen archaischen Dichter hätten die Götter der Griechen gemacht.[58] Daran ist zutreffend, dass die Struktur und Genealogie der griechischen Götterwelt aus einer verwirrenden Vielzahl von Überlieferungen herausdestilliert wurden. Religionsgeschichtlich hat der Einwand des Anthropomorphismus noch weitergehend seine Berechtigung: Die Machtkämpfe zwischen den Olympiern und den archaischen Gottheiten spiegeln reale Machtverhältnisse wider. Aus diesem Grunde konnte Hegel die griechische Religion eine ›Kunstreligion‹ nennen. Diese Benennung ist darüber hinaus dadurch gerechtfertigt, dass für sie die anthropomorphe Gestaltung der Gottheiten in Bildwerk und Skulptur besonders wichtig ist.

In Platons Dialogen wird das Verhältnis zur Polisreligion sehr differenziert gesehen: Der Philosoph Sokrates ist nicht Gottesfrevler, so wie ihm das in dem Prozess vorgeworfen wurde. Vielmehr ist für ihn die Philosophie selbst eine Form von Gottesdienst. Da er sein Leben dem Orakel des Gottes widmet, ist sowohl sein Verhältnis zur göttlichen Sphäre als auch zur Polis sehr viel intensiver als jenes der Stadtbürger.[59] Die Verbindung zwischen Sokrates' philosophischer Fragekunst und dem

Göttlichen wird durch den Delphischen Orakelspruch hergestellt. Das göttliche Gebot: ›Erkenne dich selbst!‹ (Gnothi seauton!) bringt Sokrates überhaupt erst auf den Weg der Philosophie. Denn um ihm nachzugehen, und das heißt konkret, um zu erkunden, mit welchem Recht das Orakel den Sokrates als den weisesten aller Menschen bezeichnet, beginnt Sokrates zu fragen. Er prüft damit die Wahrheit der seienden Sachverhalte (ti estin), und er prüft zugleich die Seelen der Menschen, die meinen, darüber ein Wissen zu haben.

Nach Platon unterscheidet sich Sokrates, der wahre Philosoph, von den Schein-Philosophen, den Sophisten, gerade dadurch, dass er den radikalen Relativismus des Protagoras-Satzes: »Aller Dinge Maß ist der Mensch, der seienden, dass sie sind, der nicht seienden, dass sie nicht sind« sich nicht zu eigen macht. Im Unterschied zu den Sophisten hält Sokrates an der erkennbaren Wahrheit fest. Dies bedeutet zugleich die Anerkenntnis des göttlichen, nicht mehr menschlichen Gesichtspunktes.

Dennoch hat Platon eine tief greifende Korrektur gegenüber der Polis-Religion vollzogen. Die Begründung der Vernunftreligion ist zugleich Kritik der ›alten Mythen‹. Platon sucht nach dem Göttlichen (to theion) in den verschiedenen Göttern. In seinem frühen Dialog ›Euthyphron‹ geht es um die Frage, ob es ein Wissen über das Fromme (hosion) und den Dienst an den Göttern (sebeia) überhaupt geben kann. Der junge Euthyphron scheitert beim Versuch einer vernunftfähigen Erklärung kläglich. Es tauchen Aporien der folgenden Art auf: Wenn das Göttliche immer vollkommen ist und die menschlichen Dinge demgegenüber immer unvollkommen, was kann da überhaupt ein Gottesdienst sein? Wozu bedürfen die Götter des Dienstes der Menschen? Oder: Kann man erkennen, was gottgefällig ist, wenn doch die Götter, gemäß der griechischen Mythologie, sich in ihrer Gunst oder Ungunst niemals einig sind?

Bei Euthyphron, soviel steht fest, ist das Wissen um die Götter lediglich konventionelle Kenntnis über einige Riten. Auch wenn der Dialog offen endet, ist es doch mehr als fraglich, ob ein solches Wissen überhaupt möglich ist.

Im II. und III. Buch der ›Politeia‹ unterzieht Platon die mythologische Rede von den Göttern bei Homer und Hesiod einer radikalen Katharsis (Reinigung): Die Götter sollen nicht allzu menschlich dargestellt werden: Götterneid, wechselseitige Intrigen und Falschheit, das Lachen der Olympier soll nicht länger Teil der Rede von ihnen sein. Der ›wahre Mythos‹, die ›philosophische Mythologie‹, die zur Gerechtigkeit dienen soll, wird also von den Göttern so sprechen, dass sie der Vernunft (dem Nous) gemäß erscheinen. Damit wird die ›Lüge‹ und Illusionskunst der Epiker kritisiert. Die Philosophie, nicht mehr die Dichtung, soll die Lehre von den Göttern vorzeichnen. Damit verbindet sich eine weitreichende Konsequenz: Die Menschen sollten die Götter nur als Verursacher des Guten, nicht aber des Übels begreifen. Es ist eine Folge dieser Platonischen Religion der Vernunft, dass die Menschen mit der Erfahrung des Übels und des Leidens alleine gelassen bleiben. Das ist offensichtlich, anders als Nietzsche in seiner Sokrates- und Platonkritik meinte, nicht die Tilgung des Tragischen aus der Wirklichkeitserfahrung. Es bedeutet aber, dass die geklärte Vernunftreligion den Weg zur Kontingenzbewältigung oder auch zur Projektion der eigenen Aggressionen durch Projektion auf die Götter abschneidet. Man sieht, dass damit die Theodizee-Frage, die im 17. und 18. Jahrhundert dominierend sein wird: also die Frage, wie das Leiden in der Welt und göttliche (All-) Güte und (All-) Macht zusammengehen können, in den Blickpunkt der griechischen Philosophie kommt, aber zugleich abgewehrt wird. Gerade insofern das Göttliche gut ist, hat es mit der Welt nichts zu tun. Auf dem Boden des Christentums wird diese Argumentation aus zwei Gründen ihre Überzeugungskraft verlieren: 1. weil es einen Schöpfergott voraussetzt und 2. weil nach dem christlichen Dogma, das sich freilich erst auf einem langen Weg und in Auseinandersetzung mit der Gnosis Bahn brach, Gott in Christus Mensch geworden ist.

Wie wesentlich die Verbindung zum Horizont des Göttlichen bleibt, zeigt sich auch in Platons Spätdialog ›Nomoi‹, wo die Verehrung der Götter als höchste Erkenntnis ausgezeichnet wird, die noch über der philosophischen Erkenntnis steht. Entscheidend ist dabei, dass nach Platon die Götter als Urheber der Gesetze und der gemeinschaftsfähigen Polis angenommen werden müssen.

Offenbarung und Vernunft – Judentum, Christentum, Islam

Christliche Religion ist von einer tiefen Ambivalenz in ihrem Verhältnis zur weltlichen, philosophischen Vernunft geprägt. Die Spannung kann man durch zwei Grundsätze idealtypisch bezeichnen: das ›credo quia absurdum‹ des Kirchenvaters Tertullian (um 150-230) (»Ich glaube, weil es absurd, also: gegen die Vernunft ist«) und die Grundformel des ontologischen Gottesbeweises bei Anselm von Canterbury (oder von Aosta) (1034-1109) von der ›Fides quaerens intellectum‹.[60] Der Konflikt war darin grundgelegt, dass die Philosophenschulen im Ideal des Weisen eine vollkommene Lebensform der innerweltlichen Selbsterlösung boten, die das Christentum in Frage stellen musste. Diesen Umbruch kann man den ›Confessiones‹ des maßgeblichen lateinischen Kirchenvaters Aurelius Augustinus (354-430) exemplarisch ablesen.

Mit der Areopagrede des Paulus deutet sich an, was bei den Kirchenvätern der ersten nachchristlichen Jahrhunderte in den Gedanken gebracht werden sollte, dass das Christentum die »wahre Philosophie« sei.[61] Paulus lehrte, dass Jesus Christus der gesuchte, ›unbekannte‹ Gott sei, nach dem die griechische Philosophie und die esoterischen Mysterienschulen gesucht hätten. Klemens von Alexandrien wird dann die Etymologie von ›Philosophia‹ wörtlich nehmen und davon sprechen, dass sie die Vorbereitung der christlichen Offenbarung sei. Damit ist das Christentum aber umgekehrt die »wahre Philosophie«.

Der mittelalterliche Topos von der Philosophie als ›Magd der Theologie‹ (ancilla theologiae) hat seinen Ursprung unterdessen in martialischen Bestimmungen des Verhältnisses, die es auch immer gegeben hat. So bestimmt der Kardinal Petrus Damiani das Verhältnis in der folgenden Weise: Man müsse der Philosophie das Haar abschneiden (die für den Glauben unnützen Theorien), dann müsse man ihr die Nägel entfernen (den Aberglauben), schließlich ihr die alten Kleider nehmen (die Fabeln und Mythen des heidnischen Polytheismus) und erst dann könne man sie zum Weib nehmen. Auch in dieser Rolle ist sie aber Dienerin.

In der Alten Kirche bleibt der Religionsbegriff die übergreifende Bezeichnung, innerhalb deren zwischen der ›vera religio‹ des Christentums und der heidnischen ›falsa religio‹ unterschieden werden kann. Augustinus hat dazu geschrieben: »Die Sache selbst, die jetzt die christiana religio heißt, war schon bei den Alten vorhanden und fehlte nicht von Anbeginn des Menschengeschlechts, bis Christus im Fleische erschien, von da an begann die wahre Religion, die eh und je gewesen, die christliche zu heißen«.[62] Religion wird auch weiter ein universaler Begriff bleiben. Dies zeigt sich bei Thomas von Aquin (1224/25-1274), der religio unter die sittlichen Tugenden (virtutes moralis) summiert. Im einzelnen ist sie eine Teiltugend der Kardinaltugend der Gerechtigkeit. Sie ist die spezifische Ehre gegenüber Gott;[63] doch sie gehört gerade nicht auf eine Ebene mit den von Gott gewirkten Tugenden Glaube, Hoffnung und Liebe.

Die zumindest im römischen Katholizismus bis heute exemplarisch gültige Bestimmung des Verhältnisses von Fides und ratio geht auf Thomas von Aquin zurück. Die Philosophie (Metaphysik) bewegt sich in der Ordnung der Natur und des natürlichen Lichtes der Vernunft (lumen naturale). Die Theologie dagegen steht in der Ordnung der Offenbarung und der Gnade. Dabei bedient sich die Theologie aber der Philosophie als einer Hilfsdisziplin. Die Vernunft kann selbst nicht zu einer umfassenden Wirklichkeits- und Weltorientierung finden. Dazu bedarf sie der Theologie.

Entscheidend ist dabei, im Unterschied zu Luther, dass die Heilsordnung die Naturordnung nicht aufhebt, sondern erhebt und vollendet. Zugleich legt Thomas aber größten Wert auf eine relative Eigenständigkeit beider Disziplinen. Philosophische Argumentation, die für die Begründung der Theologie als Wissenschaft unerlässlich ist, ist unabhängig von den Offenbarungswahrheiten.

Immer wieder spricht Thomas davon, dass die natürliche Gotteserkenntnis durch unmittelbare Glaubenserfahrung transzendiert werde. So hat er in einer Predigt am 14. 7. 1269 in Paris die berühmte Formulierung geprägt, ein einfaches altes Weiblein (eine vetula) »wisse mehr, was zum Glauben gehört, als alle Philosophen«.[64] Und an anderer Stelle hat Thomas darauf hingewiesen, dass die Offenbarung allen Menschen ermögliche, was auf dem Weg der Vernunft nur einigen wenigen besonders Geschulten, zugänglich sei – und dies auch nicht immer, unterliegt doch die endliche Vernunft Trübungen und Täuschungen. »So würde, wenn einzig der Weg der Vernunft zum Erkennen Gottes offenstünde, das Menschengeschlecht in der größten Finsternis der Unwissenheit verbleiben, da die Gotteserkenntnis, die den Menschen im höchsten Maße vollkommen und gut macht, nur einigen wenigen und auch diesen erst nach langer Zeit, zuteil würde«.[65]

An der Seite der argumentativ rationalen Gotteserkenntnis steht bei Thomas also das »Naturverlangen nach der Gottesschau«. Es ist eine religiöse Erlösungs- und Verklärungssehnsucht, die keineswegs nur intellektuell, sondern auch leiblich angelegt ist.

Wenige Monate vor seinem Tod soll Thomas seinem Mitarbeiter Reginald von Piperno nach einer visionären Erfahrung gesagt haben: »Alles, was ich geschrieben habe, erscheint mir wie Stroh, verglichen mit dem, was ich geschaut habe und was mir offenbart worden ist«.[66]

Ein besonders wichtiges Moment an der Komplementarität (Ergänzung) und gleichzeitigen Unterscheidung von Vernunft und Offenbarung, wie sie Thomas festhält, ist, dass damit eine bedeutende mittelalterliche Diskussion zwischen den monotheistischen Religionen aufgenommen wird. Von großem Einfluss auf Thomas ist das Denken von Maimonides (1134-1204), aber auch islamische Philosophen von Ibn Tufail bis Averroes (1126-1198) thematisieren dieses Problem. Nur einige Grundzüge können hier hervorgehoben werden:

Ibn Tufail (ca. 1100-1185) hat in seinem Roman ›Der Lebendige. Sohn des Wachenden‹, einer ersten Robinsonade, dargestellt, wie der in völliger Einsamkeit lebende Held Haiy zu den selben Einsichten gelangt, die auch der Koran als göttliche Offenbarung mitteilt. Haiy erkennt diese Wahrheit allerdings ohne jene Verschleierungen, wie sie der symbolischen Darstellung der Offenbarung anhaften. Es gelingt ihm allerdings nicht, diese Wahrheit der Mehrheit der Menschen mitzuteilen. Ibn Tufail schließt damit an den Gedanken Al-Farabis (gestorben 950 nach Chr.) an, der als erster die Übereinstimmung zwischen Philosophie und islamischer Offenbarung feststellt, und dabei bereits die These von der doppelten Wahrheit (duplex veritas) vertritt, wonach die Mehrzahl der Menschen nur auf symbolischem Wege zur Wahrheit zu führen seien, der höhere Weg aber der Weg der unverschlüsselten, reinen Vernunfterkenntnis sei.

Averroes hat in seinem eindrucksvollen Werk, vor allem seinen Aristoteles-Kommentaren, diese Auffassung explizit vertreten und ausgeführt. Jene, die nicht in der Lage seien, die Arbeit des philosophischen Begriffs zu leisten, sollten durch philosophische Argumentationen nicht in Unruhe versetzt werden. Für sie sei die symbolische Sprache des Offenbarungstextes der Religion hinreichend.

Nun zeigt sich allerdings bei näherem Hinsehen, dass Averroes streng genommen nicht von einer ›doppelten Wahrheit‹ ausgeht, sondern von einer Wahrheit, in der die Aristotelische Philosophie und die konkrete Religion des Islam miteinander konvergieren. Nur die Annäherungsweise an die Wahrheit durch verschiedene Menschen und Menschengruppen soll sich unterscheiden, nicht die Wahrheit selbst. Als einen besonderen Vorzug des Islam erkennt es Averroes, dass er für diese Mehrzahl eine zugängliche Gotteserkenntnis zeigt.

Die Konvergenz hat eine entscheidende Grenze: Wo philosophische Erkenntnis in Widerspruch zur Heiligen Schrift (Koran) tritt, muss die Schrift allegorisch ausgelegt werden. Averroes steht in einer doppelten Auseinandersetzung: Einerseits wendet er sich gegen die grundsätzlichen Angriffe auf philosophische Gotteserkenntnis bei den islamischen Theologen (Mutakallimun), aber auch bei Al-Ghazali. Andererseits steht er auch mit Avicenna, dem Gegner Al-Ghazalis,[67] in einer Auseinandersetzung. Der entscheidende systematische Punkt in diesen philosophischen und theologischen Debatten des Mittelalters dreht sich um die Frage, ob ein aktiver schöpferischer Intellekt existiert, mit dem das aktive menschliche Vernunftvermögen in unmittelbare Korrespondenz tritt. Er wäre also Vermittlungsinstanz zwischen Gott und Mensch.

Es ist besonders aufschlussreich, dass Averroes auch in der Morallehre eine Eigenständigkeit der Philosophie gegenüber den göttlichen Geboten anerkennt. Es gebe, so Averroes' Einsicht, sehr viele Felder menschlichen Handelns, die durch das göttliche Gesetz nicht determiniert sind.

Nicht minder wichtig als diese islamischen Lehrer des Verhältnisses von Vernunft und Offenbarung im Mittelalter ist das Werk von Maimonides (1135-1205), der in Cordoba mit der islamischen Philosophie und Wissenschaft in enger Verbindung stand. Das Hauptwerk von Maimonides, ›Der Führer der Unschlüssigen‹ (1190) unternimmt es, in einer metaphorischen Auslegung der hebräischen Bibel zu zeigen, dass sie mit der metaphysischen Wahrheit übereinstimmt. Diese Interpretationsmethode führt, am berühmten Beispiel des Schöpfungsberichtes, zu der Erkenntnis, dass die Aussage, wonach der erste Mensch »im Ebenbilde Gottes geschaffen« wurde, so zu verstehen sei, dass dieser Mensch vernunftbegabt und zur Weisheitserkenntnis befähigt ist. Die Überweltlichkeit Gottes und das Bilderverbot sind dabei von besonderer Bedeutung. Maimonides zeigt, dass die jüdische Thora in menschlicher Sprache von nicht-menschlichen, absoluten Wahrheiten spricht. Er ist der Auffassung, dass auch die Gemeinde diese Interpretation annehmen müsse. Die Einsicht ist also nicht nur den Philosophen vorbehalten. Denn nach Maimonides ist es entscheidend für das göttliche Gesetz, dass es nicht nur, wie menschliche Gesetze, die menschliche Gemeinschaft ordnet, sondern auch zur Vervollkommnung und Gotteserkenntnis führt.[68] Als entscheidend erkennt es Maimonides, dass die Gesetze der Thora den Israeliten gegeben sind, um aus einer Umwelt des Götzendienstes zu angemessener monotheistischer Gotteserkenntnis zu gelangen. Je mehr der Mensch weiß, desto näher ist er Gott (dem König: melek). Am Ende skizziert Maimonides die Gestalt eines Propheten, der zugleich in Physik (Naturerkenntnis) und Metaphysik bewandert ist.

Maimonides räumt ein, dass es schwierig ist, den wahren Propheten vom unrechten Usurpator auf die Prophetie zu unterscheiden. Kennzeichen ist aber in jedem Falle, dass der wahre Prophet die prophetischen Traditionen nicht aufheben, sondern bestärken wird.

Wir sehen: Die mittelalterlichen Verhältnisbestimmungen zwischen Philosophie und Theologie, fides und ratio, bei Thomas von Aquin wären ohne den Einfluss islamischer und jüdischer Denker kaum möglich.

Dabei zeigt sich, dass in Christentum, Islam und Judentum fundamentale Debatten über die Eigenständigkeit der Vernunft geführt werden. Manches davon wird innerhalb des Christentums erst im Jahrhundert der Aufklärung eine Resonanz finden. Die Emanzipation der Vernunft von der Herkunftsreligion wurde in Islam und Judentum allerdings niemals in vergleichbarer Weise durchschlagend. Die bestimmende Macht der Orthodoxie wurde niemals so umfassend und machtvoll gebrochen wie im Christentum. Es ist daher ein zentrales religionswissenschaftliches Problem, die strukturellen Gründe dafür zu benennen.

> Merksatz
>
> - **Antike griechische Philosophie reinigt den Gottesbegriff vom Mythos und versucht ihn vernunft-konform zu machen.**
> - **Das gesamte Mittelalter ist zwischen den monotheistischen Religionen von einem intensiven Gespräch über den Zusammenhang von Vernunft und Glaube (natürlichem Licht und Offenbarung) bestimmt: Bedürfen sie einander zur Ergänzung (Komplementaritätsmodell) oder sagen sie in unterschiedlicher Weise das Gleiche? (Identitätsmodell).**

Neuplatonismus und Mystik

Bisher ging es um Bestimmungen des Verhältnisses von Glauben und Vernunft nach dem Maßstab der Aristotelischen diskursiven Vernunft bei Denkern der drei monotheistischen Religionen.

Daneben ist in Antike und Mittelalter ein neuplatonisch mystischer Weg des Aufstiegs zu dem göttlichen Einen von großer Bedeutung. Er ist eng mit dem Verfahren der ›negativen Theologie‹ verbunden. Der wichtigste und wirkungsmächtigste Vertreter ist Dionysius Areopagites (um 500), der in der Legende mit dem Dionysios gleichgesetzt wurde, der nach der Areopagrede des Paulus (Apg. 17, 33 f.) bei der frühen christlichen Gemeinde blieb.

In seinem Traktat ›Über die göttlichen Namen‹ wird gesagt, dass Gott größer ist als alle seine Namen und alle Prädikationen. Allen Setzungen und Bezeichnungen ist er entzogen – daher ist er weder Gleichheit noch Ungleichheit, weder Ähnlichkeit noch Unähnlichkeit, weder Ewigkeit noch Zeit.[69] Die negative Theologie ist dabei nicht nur eine Form der Erkenntnis, durch Reinigung der Begriffe und Einsicht in ihre Unange-

messenheit, sondern auch der Erhebung zum göttlichen Einen. Es geht
also um eine Ekstase des Geistes, der sich selbst preisgibt und sich in der
›unio mystica‹ selbst loslässt. Meister Eckhart (1260-1328) wird von der
›Gelassenheit‹ sprechen. Dionysios spricht vom »Intellekt, der von allem
Seienden Abstand nimmt, dann auch sich selbst verlässt und dadurch
mit dem überhellen Strahlen geeint wird« (VII, 3.).

Diese mystische Tradition, die sich über Meister Eckhart bis Nicolaus
Cusanus (1401-1464) in die Neuzeit hinein fortsetzt, bietet in besonderem Maße die Möglichkeit, verschiedene Religionen als Annäherung an
die göttliche Wahrheit zu akzeptieren, weil keine von ihnen diese Wahrheit wirklich trifft. Es gilt Augustinus' Wort: »Wenn ich es begreife, so ist
es nicht Gott«. Gott ist allenfalls zu berühren. Mystik scheint in besonderem Grade zum Religionsfrieden zu disponieren.

Eine bedeutende frühe Ausprägung fand die Mystik im Islam bei Al-
Ghazali (1058-1111), der die zentrale Unterscheidung trifft, ob man eine
Wahrheit erkenne, oder den Weg zu dieser Wahrheit gegangen sei. Er
vergleicht dabei den Unterschied zwischen der mystischen Initiation und
den unterschiedlichen Lehrgebäuden mit der Differenz zwischen einer
Definition von Farbe oder eines Geschmacks und deren konkreter sinn-
licher Wahrnehmung. Dennoch führt ihn gerade die mystische Einsicht
nicht zu einer Verwerfung der Vernunft. Sie ist, nach Al-Ghazali, »ein
Muster vom Lichte Gottes«.[70] An anderer Stelle sagt er: »Die Religion
[ist] eine Vernunft von außen, und die Vernunft ist eine Religion von
innen; sie arbeiten zusammen, ja bilden eine Einheit«.[71]

Mystisches Denken überschreitet die Grenzen der zweiwertigen Logik. Damit entsteht eine eigenständige mystische Denkform, die nicht
mehr an den Satz vom Widerspruch gebunden ist und zu der Einheit von
Gott und Mensch führen soll. In diesem Sinne wird Nicolaus Cusanus
zwischen ›ratio‹ und ›intellectus‹ unterscheiden. Erst der Intellekt, und
nicht die ratio (deutsch: ›Verstand‹), ist in der Lage, die Koinzidenz (den
Zusammenfall) der Gegensätze des Kleinsten und des Größten und damit auch Gottes und des Menschen zu denken. In ihr zeigen sich Größ-
tes und Kleinstes, Endliches und Absolutes als eines.

Cusanus ist auch in anderer Hinsicht für die Auseinandersetzungen
zwischen Vernunft und Offenbarung an der Epochenschwelle zwischen
Antike und Mittelalter und Neuzeit von größter Bedeutung. Auf seinem
Denkweg tritt die ›Theologia negativa‹ in den Hintergrund. Er sucht
nach dem einfachsten und grundlegendsten Gottesnamen, der sowohl
über Bejahung (positiver Theologie) als auch über Verneinung (nega-
tiver Theologie) stehe.[72] Cusanus möchte zeigen, dass die Wahrheit auf

den Gassen schreit. Der Gottesbegriff (das Nicht-Andere, Non aliud) soll sowohl den Behauptungen (positio) als auch deren Aufhebung (ablatio) vorausliegen. In einer kleinen Schrift ›Am Gipfel der Betrachtung‹ (De apice theoriae) findet er den letzten Gottesnamen – im ›Posse‹, dem Begriff des Könnens.

Ein besonderes Interesse musste auf dem Platonischen Weg der philosophischen Interpretation christlicher Dogmata gelten. Anders als über Aristotelische Logik und Metaphysik eröffnete sich hier ein Weg, auch Paradoxien Sinn zu geben. Seit dem Konzil von Nizäa (325) bedeutete vor allem das Trinitätsdogma eine Herausforderung an die philosophische Begriffsbildung, da Vater und Sohn darin als wesensgleich (consubstantialis) und im Konzil von Konstantinopel (381) auch der Heilige Geist als mit ihnen gleichrangig gedacht wurden. Mit Aristotelischen Mitteln war dies kaum zu meistern.

Auch Nicolaus Cusanus war ein bedeutender Philosoph der Trinität. Ihm war es deshalb wichtig, sie als ontologisches und logisches Grundprinzip alles Seins nachzuweisen. Ein zentrales christliches Dogma soll also nicht als Spezifikum der religiösen Rede, sondern als universaler philosophischer und ontologischer Sachverhalt begriffen werden.

Religionsgespräche im Mittelalter

Vor allem die mystisch neuplatonischen Denker suchen nach einer übergreifenden Einheit zwischen den Religionen und dem Frieden zwischen ihnen. Die vorwiegend christlichen Autoren jener Religionsgespräche halten aber gleichwohl an der Absolutheit des eigenen Glaubens fest. Das Religionsgespräch zwischen Islam, Judentum und Christentum war eine sehr beliebte und verbreitete literarisch philosophische Form. Während bei dem Scholastiker Petrus Abaelardus (1079-1142) der christliche Theologe seine unverkennbare Überlegenheit erweist und das Gespräch nicht mehr argumentativ, sondern vielmehr bekehrend vonstatten geht, hat Nicolaus Cusanus eine ganz andere Form gewählt.

Die entscheidende Pointe in Cusanus' Gespräch ›Über den Religionsfrieden‹ (›De pace fidei‹ 1453), an dem unterschiedliche Strömungen der einzelnen Religionen und damit tatsächlich die bekannte Welt beteiligt sind, besteht darin, dass 1. die verschiedenen Religionen als perspektivische Annäherungen an Gott begriffen werden.[73]

2. vollzieht sich die Prüfung der Religionen nicht im unmittelbaren Zwiegespräch zwischen ihren einzelnen Vertretern, sondern auf einem

himmlischen Konzil, unter der Leitung von Christus, der zugleich als Logos, also als Inbegriff der Vernunft begriffen wird. Die direkte Verbindung zwischen der religiösen Christus-Bezeichnung und dem philosophischen Begriff für Vernunft ist Programm. Die Prüfung der Religionen geschieht zunächst nach der Maßgabe von Vernunftgründen, erst in zweiter Linie werden die Heiligen Schriften der einzelnen Religionen befragt.

Schließlich wird 3. betont, dass Kultus und Ritus in Religionsstreitigkeiten, aber auch im Blick auf die Verbindung zwischen Religionen nur sekundäre Bedeutung zukommt. Die Religionen treten allerdings nicht in ein unmittelbares Wechselgespräch. Sie richten sich jeweils an den Logos Christus, in späteren Phasen an Petrus, wenn es um das Verhältnis zu anderen Religionen und an Paulus, wenn es um den Begriff der Kirche geht.

Man muss freilich einräumen, dass Cusanus dem hohen Anspruch seines eigenen fiktiven Religionsgesprächs in seiner späteren Schrift ›Cribratio Al-Korani‹ (Zur Siebung und Sichtung des Koran) nicht gerecht geworden ist. Dort wird der Koran wohlwollend auf jene Punkte hin befragt, die mit dem Christentum konvergieren könnten. Anderes aber fällt der Siebung zum Opfer. Dabei polemisiert Cusanus teilweise grob gegen Mohammed. Ein gläubiger Muslim würde sich wohl kaum in dieser ›pia interpretatio‹ (christlich frommen Deutung) des Islam wiederfinden. Cusanus' Maxime lautet: »Wir müssen immer versuchen, jenes Buch, das [bei den Muslimen] Autorität besitzt, für uns geltend zu machen. Denn wir finden darin Stellen, die uns dienlich sind, und andere, die uns widersprechen, können wir durch sie erklären«.[74]

Merksatz

Esoterische Gotteserkenntnis, Einung mit dem Göttlichen (Mystik) zeigt zugleich die Unsagbarkeit religiöser Erfahrung.
- **Sie führt deshalb zu der Unterscheidung zwischen dem Geist und dem Buchstaben einer Religion. Sie lässt zugleich alle Religionen als vorläufige Annäherungen an eine höhere Wahrheit erkennen.**
- **Dies ermöglicht ein Religionsgespräch der Toleranz, in der die Religionen aufgrund einer ihnen übergeordneten Perspektive der Einheit (›Koinzidenz‹) als gleichrangig gelten (Llullus, Cusanus).**

2

Religion und Religionskritik in der Aufklärung: Semantische Verschiebungen des Religions-begriffs

Natürliche Religion in der Reformation

Bei den Reformatoren findet man bereits im Ansatz den für Religionsphi-losophie und -kritik entscheidenden Gedanken einer natürlichen Religion. So spricht Calvin von der Ahnung und Empfindung für die Gottheit, die aber, so Calvin, durch schuldhafte Abkehr des Menschen von Gott verdun-kelt worden sei.[75] Deshalb lege die Schriftoffenbarung erst wieder den Sa-men der wahren Religion frei. Luther hat diese ›Natürlichkeit‹ als kritischen Einwand gegen den Begriff der Religion verstanden. Gottesverehrung, die in die Verehrung von Götzen, also Pseudo-Gottheiten, umschlagen kann, ist eine natürliche Anlage des Menschen. Die Vernunft komme in der Re-ligion soweit, hat Luther geschrieben, »dass sie weiß Gottesgebot, und was recht und unrecht ist«.[76] Diese allgemeine Religion steht aber unter dem Vorbehalt des Gesetzes. Das ›Gesetz‹ (Lex) ist in Luthers Sprachgebrauch zweideutig, es ist der Zustand des natürlichen, unter die Sünde gefallenen Menschen. Erst im Evangelium, also im Glauben an den lebendigen Jesus Christus, findet das Gewissen seinen Frieden und erfährt seine Heilsge-wissheit. Die Unterscheidung wird an der folgenden Aussage Luthers deut-lich: »Alle Religionen, die von der wahren christlichen Religion abweichen, sind ex opera operato: das will ich tun, das wird Gott wohlgefallen«.[77] Es gibt also für Luther nur eine wahre Religion, die die universale Frage nach Gott aus allen endlichen Beschränkungen löst: im Evangelium von dem in Jesus Christus Mensch gewordenen Gott.

Aufklärung ist als europäische Epoche des 18. Jahrhunderts mit Kant zu bestimmen als »Ausgang des Menschen aus seiner selbstverschul-deten Unmündigkeit«. Sie steht unter der von Kant formulierten Maxime: »Sapere aude! Habe Mut, dich deines Verstandes ohne An-leitung eines anderen zu bedienen!«

Aufklärung und Aufklärungen: Zur Pluralität einer Epoche

Das Verhältnis von Religion und Aufklärung ist vielfach benannt worden. Vor diesem Hintergrund ist es wichtig festzuhalten, dass es ›die‹ Aufklärung nicht gab und deshalb Differenzierungen erforderlich sind. Dass die Nahoptik aber das Problem Aufklärung und Religion, und damit das Problem der ›Säkularisierung‹ zum Verschwinden bringe, wie jüngst vor allem von Theologenseite behauptet wurde, ist ebenso unzutreffend und historistisches Vorurteil. Zu unterscheiden bleibt zwischen dem differenzierten Bild der Aufklärung, wie es durch jüngere professionelle Forschung verstärkt sichtbar geworden ist, und Aufklärung als Topos, ja als Metapher für die Entzweiung der modernen Welt. Die Zeitgenossen selbst waren sich des Bruches nur allzu bewusst. So wird in der zweiten Hälfte des 18. und zu Beginn des 19. Jahrhunderts immer wieder von der ›Vertreibung aus dem Paradies‹ gesprochen.

Man kann mit Ulrich Barth[78] in religionsphilosophischer Hinsicht triftig zwei idealtypisch zu kennzeichnende ›Vernunftmodelle der Aufklärung‹ unterscheiden: *Rationalismus* und *Empirismus*. Die Kantische Transzendentalphilosophie ist dagegen Selbstreflexion der Aufklärung und bestimmt daher auch das Verhältnis zur Religion neu. Wenn man die großen Konzeptionen von Descartes, Spinoza und Leibniz auf rationalistischer Seite ins Feld führt, so wird deutlich, dass nur aufgrund eines ›intellectus archetypus‹ die Sicherung einer reinen apriorischen Erkenntnis überhaupt möglich ist. Affektivität und reines Denken, Religion und Philosophie verbinden sich namentlich bei Spinoza in einer unauflöslichen Weise.

Dem Empirismus hat John Locke (1632-1704) auch im Grundsätzlichen Konturen gegeben. Der Geist kann gemäß dem Grundsatz der Empiristen nur Ideen (Vorstellungen) verarbeiten, die auf sinnliche Erfahrung zurückgreifen. Für die Religion zieht Locke daraus die Folgerung, dass es eines selbstdenkenden Glaubens bedarf und dass jedermann verpflichtet sei, »sich die Begriffe und die allgemeinen Grundlinien der Religion klar zu machen«. Nur in diesem Sinne einer Vernunftbeurteilung und keineswegs als eine Verneinung der Möglichkeit von Offenbarung ist zunächst auch der Begriff ›Free-Thinker‹ gemeint gewesen. John Toland hat in der Folge Lockes darauf hingewiesen, dass »nicht die bloße Autorität, dessen, der spricht, sondern die klare Vorstellung, die ich mir über das bilde, was er sagt, [...] der Grund meiner Überzeugungen« sei.[79] Wenn die Adressaten zu einem solchen Verstehen gar nicht imstande wären, so würden Worte einer autoritativen Offenbarung ebenso sinnlos sein wie die Rezitation eines Gebetes in einer unverständlichen Sprache.

Dabei geht die empiristische Religionsphilosophie in ihren Ursprüngen noch weiter zurück, nämlich auf Herbert von Cherbury (1582-1648). Die negative Folie, von der sich seine Religionsphilosophie der Vernunft abhebt, sind die Religions- und Konfessionskriege. Der »besonnene Laie« (prudens laicus) ist für ihn dazu die Gegeninstanz. Die »universellen« und zugleich »unzweifelhaften« Wahrheiten gilt es aufzusuchen, »weil so viele Religionen und verschiedene Sekten nicht nur den Titel der wahren Kirche für sich beanspruchen, sondern mit Einladungen bis hin zu Drohungen auf nichts anderes hinarbeiten als darauf, uns zu veranlassen, unseren Glauben zugunsten eines schlichten Gehorsams aufzugeben«.[80]

Die deutsche Neologie, also die neue Strömung evangelischer Theologie, die die Aufklärung aufnahm, folgte weitgehend diesen empiristischen Vorgaben. Johann Joachim Spalding (1714-1804) etwa hat in seiner Schrift ›Betrachtung über die Bestimmung des Menschen‹ (1748) daraus positive Folgerungen gezogen. Religion entspringt, so Spalding, aus der Frage des Menschen nach sich selbst. Religion soll aus der Einsicht in jeweilige Lebensphasen und die Konzeption von Glück erwachsen, die in der Spannung zwischen Erwartung und Erfüllung in ihnen präsent ist.

Gemeinsam ist dem britischen Deismus und der deutschen Neologie, dass der überlieferte Themenbestand vor das universale Forum einer prüfenden Vernunft gebracht wird und dass die bürgerliche Öffentlichkeit als kompetente Urteilsinstanz in Fragen der Religion gilt.

Die Wirkung der Aufklärung auf die christliche Herkunftsreligion ist in den verschiedenen Staaten Europas also sehr unterschiedlich verlaufen. So nahm nur in Frankreich die Aufklärung entschieden atheistische Züge an, mit der Folge eines laizistischen Staates.

Voltaire (1694-1778) kann als der geistreiche und spöttische Begründer einer empiristisch-skeptizistischen Grundhaltung gelten, die sich vor allem gegenüber dem Leibnizischen Gedanken der prästabilierten Harmonie und der besten aller möglichen Welten zeigt. Das Erdbeben in Lissabon wurde im Jahr 1755 im gebildeten Europa so verstanden, dass sich dieses Theorem an der Erfahrung ad absurdum führte.

David Hume (1711-1776) meinte, ausgehend vom religionsgeschichtlichen Material, dass alle Religionen von polytheistischen, mythischen Vorstellungen ausgingen.[81]

In seinen ›Dialogen über natürliche Religion‹ wird der ontologische Gottesbeweis, der vom Begriff Gottes auf sein Sein schließt, bezweifelt. Hume nimmt dabei Kants Argument vorweg, das zur Destruktion des Gottesbeweises führt: Sein ist kein zusätzliches Prädikat, es bestimmt den Begriff Gottes nicht weiter.[82] Auch teleologische Rückschlüsse aus der Verfasstheit der Welt und des Menschen auf einen allmächtigen und allwissenden Urheber des Alls, ein möglicher Ausweg, verbieten sich Hume zufolge.

Es ist eher das Elend und der Schmerz menschlicher Existenz, wodurch der Gottesglaube begründet und existenziell nahegelegt wird. So wird »ein sehnsüchtiges Verlangen« nach der göttlichen Vollkommenheit festgehalten. Gerade der Skeptiker, der um die Unvollkommenheit der menschlichen Natur weiß, ist dafür empfänglich.

Humes ›Dialoge‹ gewinnen dadurch an Komplexität, dass sie als ein Dreiergespräch angelegt sind. Sie spielen sich zwischen dem Dogmatiker Demea, dem radikalen Skeptiker Philo und Cleanthes ab, der eine mittlere Position vertritt und wohl am ehesten mit der Auffassung von Hume gleichgesetzt werden kann. So differenziert und subtil die Dialoge angelegt sind, so sehr stellen sie grundsätzlich die Möglichkeit natürlicher Religion in Frage, die zu einer bestimmenden Annahme der Aufklärung gehört hatte. Mit Humes ›Dialogen‹ tritt daher aufklärerische Religionskritik selbst in den Horizont der Reflexivität ein.

Im Rationalismus der Leibniz-Wolff-Schule wirkte dagegen die alte Metaphysica specialis, als Lehre von Gott, Freiheit und Unsterblichkeit der Seele als Leitdisziplin weiter.

Die rationalistische Dimension der europäischen Aufklärung folgt daher dem präzisen, auf mathematischer Beweisbarkeit fußenden Wissenschaftsideal der Euklidischen Geometrie. Damit bleibt sie aber auf die Konzeption einer apriorischen Vernunft orientiert, die von einer Vorgängigkeit des Unbedingten vor dem Bedingten ausgeht: dies ist schon die Pointe bei Descartes.

Merksatz

Aufklärung hat bei aller Epochengemeinsamkeit unterschiedliche Wurzeln: Sensualismus und Empirismus einerseits, Rationalismus andererseits. Dies wirkt sich auch im Verhältnis zur Religion aus.

- **Französische Aufklärung führte zu einem weitgehenden Atheismus und Agnostizismus.**

- Der in England entstehende Empirismus und Sensualismus hält dagegen eine ›natürliche Religion‹ aufrecht.
- Der Rationalismus der deutschen Schulphilosophie (Leibniz, Wolff) liefert bis zu Kant das metaphysische Fundament christlichen Glaubens.

Aufklärung und Theodizee

Die Theodizeefrage ist eine entscheidende Frage in der frühen Neuzeit. In ihr dokumentiert sich eine Begegnung von Glaube und Vernunft. Bemerkenswert ist dabei, dass in der griechischen Antike, insbesondere bei Platon, die Theodizee zwar wahrgenommen und sogleich außer Kraft gesetzt wird. Die Religionskritik und die ›Reinigung‹ der alten Mythen, die Platon in den ersten Büchern der ›Politeia‹ miteinander verknüpft, binden das Göttliche (to theion) an das Gute und an die Vernunft (noesis). Dabei wird das grundlegende Gesetz ausgegeben, dass die Götter nur als Ursache für das Gute, nicht aber für Leiden und Übel angesehen werden dürften.

Vor diesem Hintergrund wird es unmöglich, nach Güte oder Gerechtigkeit Gottes angesichts des Leidens und der Übel der Welt zu fragen. Diese Unmöglichkeit zeigt sich unter umgekehrten Vorzeichen auch in den fernöstlichen Religionen. Wenn das Leiden nur Täuschung und Gespinst ist, aber nicht an das Eine unveränderliche Wesen der Welt heranreicht, so kann die Theodizeefrage nicht mehr gestellt werden. Dies ist aber auch schon dann der Fall, wenn man von einem personalen, intelligiblen Gott absieht, der überhaupt erst vor die Verantwortung gezogen werden könnte.

Leibniz hat in seiner ›Theodizee‹ dem intelligiblen, wenn auch nicht persönlichen Gott die metaphysische Hypothese eines ›calculus universalis‹ unterstellt, dem gemäß alles vorkommende Leiden vorausberechnet ist und in der Weltharmonie seinen festen Ort hat. Deshalb ist in diesem Kalkül Gottes die bestehende Welt bei aller Unvollkommenheit die beste aller möglichen Welten.

Die rationalistische Theodizee im Sinne von Leibniz wirft zumindest zwei Fragen auf: 1. Überschreitet es nicht die Grenzen des menschlichen Geistes, im einzelnen einen solchen göttlichen Intellekt zu denken, dessen Leibniz als Rechtfertigungsfigur bedarf? 2. Berührt der ›calculus universalis‹ konkretes, endliches Leid, das in der Zeit durchlitten wird und dessen Frage sich nicht zuerst nach dem Sinn richten wird, sondern nach der Stärke der Schmerzen und nach ihrer Dauer? Die Dimension, die in Religionen, ihren Riten und Erlösungsverheißungen unabdingbar ist, wird in der klassischen Theodizee-Konzeption offensichtlich gar nicht erfasst.

Deshalb konnte die Leibnizische Theodizee in einer bestimmten Situation radikal in Frage gestellt werden, die sich mit dem magischen Datum des Erdbebens von Lissabon 1755 verbindet. Hier ergab sich die Konstellation, dass noch Harmonie und Zielbestimmtheit der Welt als ganzer als objektives und erkennbares Prädikat der Welt angenommen wird,[83] was durch den weiteren Fortschritt der empirischen Naturforschung binnen weniger Jahre der Vergangenheit angehören wird; dass zugleich aber die mikrologische und die makrologische Durchdringung des Kosmos diese Sinnhaftigkeit in Frage zu stellen beginnt. In diese Situation trifft die Katastrophe. Ereignisse mit ähnlichen Zerstörungspotenzialen, zu denen es wenige Jahre später u.a. in Neapel kommen sollte, hatten bei weitem nicht mehr jene Resonanz.

Voltaires scharfzüngige Kritik an der rationalistischen Philosophie und an Leibniz in der literarischen Gestalt des Pantaglos hatte die rationalistisch metaphysische Theodizee um ihren Kredit gebracht. Die Sinn- und Teloserwartung wurde nicht länger an die Natur herangetragen. In den folgenden Jahren verlagerte sich das Interesse an der Theodizeefrage von den natürlich verursachten Katastrophen auf solche, die der Mensch am Menschen verübt. Dies ist bis ins zwanzigste Jahrhundert mit den Völkermorden, mit dem Archipel GULAG, mit Hiroshima, vor allem aber Auschwitz zunehmend so geblieben. Die Theodizeefrage verschiebt sich damit, streng genommen, zur Frage nach der Anthropodizee, nach der Ursache des Bösen und zugleich der Genese intelligibler, endlicher menschlicher Freiheit.

Darauf werden sowohl im Judentum wie im Christentum Antworten gegeben, deren Grundstruktur man bereits in der mystischen, kabbalistischen Tradition des Judentums findet. Auf die Frage, ob denn Gott, angesichts der evidenten Übel in der Welt, gleichermaßen allmächtig und allgütig sein könne, wird geantwortet, er habe sich, aufgrund seiner All-Liebe, seiner Allmacht begeben. Die allumfassende Gottheit (En-Sôf) habe sich in eine zusammengezogene (kontrahierte) Form des Göttlichen (zim-zum) zusammengezogen. Diese Selbstpreisgabe Gottes, die erforderlich ist, um eine endliche Freiheit zu ermöglichen, ist irreversibel. Hans Jonas (1903-1993) hat diese Überlegung angesichts der Theodizee-Frage, die Auschwitz aufwirft, wiederholt. Sie liegt auch

Schellings Abhandlung ›Vom Wesen der menschlichen Freiheit‹ (1809) zugrunde.

In Anschluss an die Vernunftreligion der Aufklärung und in uneingestandener Affinität zum Buddhismus hat Peter Strasser jüngst darauf hingewiesen,[84] dass der Antrieb aller Religionen in der Erlösung vom Bösen und vom Leiden der Welt liege. Dieser Erlösungsimpuls kann sich, wie Max Weber gezeigt hat, akosmisch oder in innerweltlicher Askese zeigen. Er führt aber, wie Strasser plausibel darlegt, über die Krise der Theodizee hinaus, insofern Erlösung ein Welteinverständnis auch angesichts des Schmerzes impliziert, und Spuren des Vollkommenen in der Welt als ein nicht vergehendes Initialereignis ausmacht.

Reimarus und Lessing

Die Herausgabe der nachgelassenen Fragmente von Samuel Reimarus (1694-1768), Professor für Orientalistik und Rektor des Johanneums in Hamburg, führte G. E. Lessing (1729-1781) zu der Einsicht, dass der (christliche) Religionsglaube nicht auf beweisbare Geschichtswahrheit begründet werden kann. Zwischen plausibler Geschichtswahrheit und Glauben gibt es keine vermittelnde Brücke. In einem eindrücklichen Bild spricht Lessing von dem »garstige[n] breite[n]Graben, über den ich nicht kommen kann, sooft und ernstlich ich auch den Sprung versucht habe«.

Was war der Inhalt der Schriften des Ungenannten aus Wolfenbüttel, mit dem Lessings eigene Position nicht identifiziert werden darf, die er aber veröffentlicht, um den epochalen Streit des Aufklärungsjahrhunderts zuzuspitzen.

Reimarus ist zum einen (1) der Auffassung, dass die Schriften des Alten Testaments gar nicht Zeugnisse einer Religion seien. Sie sind Gesetzgebungswerk, Grundlegung einer staatlichen Existenz. Damit ist das Alte Testament eine innerweltliche Schrift, die die Frage nach göttlicher Offenbarung nicht aufwirft.

Zum zweiten (2) ist das Neue Testament das Zeugnis von Jesus als Anwärter auf ein irdisches Reich. Es steht in der Folge der alttestamentlichen Rechtsgrundlegung.

Drittens (3) resultiert daraus, was ähnlich schon der Abbé Meslier in seiner fundamentalen Religionskritik bemerkte, dass die Autoren der neutestamentlichen Schriften in Betrugsabsicht geschrieben hätten. Dies ist offensichtlich die radikale Gegenposition gegen die orthodoxe, auf die Positivität der Offenbarungszeugnisse gestützte Position des Luthertums. Deshalb entzündete sich an diesem Punkt Lessings Streit mit dem Hamburger Hauptpastor Goeze. Die Lutherische Orthodoxie sah auch im 17. Jahrhundert noch die Offenbarungszeugnisse durch die Inspiriertheit der Verfasser der biblischen Schriften sanktioniert.

Lessing zieht aus den Manuskripten des Reimarus, die für ihn prägend wurden, die folgende Konsequenz: Geschichtswahrheiten bleiben dem Zufall unterworfen. Unbedingte, apodiktische Gewissheit kann von ihnen nicht ausgehen.

Man muss erkennen, dass die Art, in der Lessing Reimarus' Befund religionsphilosophisch interpretiert, den Anspruch der historischen Kritik anerkennt und zugleich einschränkt. Historische Kritik kann grundsätzlich nur die zufälligen Geschichtswahrheiten betreffen, nicht aber den Glauben selbst. Religionsphilosophie verbindet sich dabei mit Religionskritik. Die Aufklärungskritik an den Konventionen des Dogmas, die Lessing uneingeschränkt anerkennt, hat für ihn vor allem die Bedeutung, dass sich der positive Glaube von seinen Schlacken befreit und zu einem reinen Vernunftglauben hinaufarbeitet.

Dies wird durch Lessings Gedanken von der ›Erziehung des Menschengeschlechts‹ eingelöst, wobei von Lessing die Begriffe Erziehung und Offenbarung nahezu gleichbedeutend verwendet werden. Offenbarung ist dann zu verstehen als die Anpassung Gottes an die Menschheit. Dieser ist zwar Vernunft gegeben, es zeigt sich aber, dass sie dieser Vernunft nicht gewachsen war. Das Verhältnis von Aufklärung und Religion ist also keinesfalls ausschließend. Lessing hebt dabei hervor, dass in der eigenen Zeit im Verhältnis von Vernunft und Offenbarung ein grundsätzlicher Wandel eingetreten sei. »Die Offenbarung hatte seine [des Menschen] Vernunft geleitet, und nun erhellte die Vernunft auf einmal seine Offenbarung«.[85] Er fügt aber hinzu, dass die Vernunft von sich aus niemals auf diese Einsichten der Offenbarung gekommen wäre.

Ihren ›nervus probandi‹ findet Lessings Religionsbegriff in der Ringparabel seines Dramas ›Nathan der Weise‹. Die Parabel geht davon aus, dass die positiven monotheistischen Religionen Christentum, Judentum und Islam nicht reine Verkörperungen der Wahrheit sind. Zum Kriterium für die Wahrheit der Religionen wird vielmehr, dass sie zur sittlichen Handlung und Humanität beitragen. Dabei kann sich Lessing auf das neutestamentliche Wort berufen: »An ihren Früchten sollt ihr sie erkennen« (Matthäus 7, 16; auch Gal. 5, 19-22).

Dass positive Religion bei Lessing nicht bedeutungslos geworden ist, ebenso wenig wie dies bei Kant der Fall sein wird, dass sie aber eine weitreichende Revision erfährt, zeigt sich an den Hiobs-Zügen von Nathan. Doch ist es die Vernunft, nicht der Offenbarungsglaube, die freie Einwilligung in den nur in Antizipation erkennenden Vernunftwillen, der mit dem Gotteswillen konvergiert, der Nathan bestimmt. In seiner berühmten Rede erinnert er sich an das Judenpogrom, das er überlebte: »Doch nun kam die Vernunft allmählich wieder. / Sie sprach mit sanfter Stimme: ›und doch ist Gott!‹ / Doch war auch Gottes Ratschluß da! Wohlan! ....Steh auf! – Ich stand! Und rief zu Gott: Ich will! / Willst du nur, daß ich will!«[86]

Die Aufklärungsphilosophie in Deutschland führt nicht zu dem radikalisierten Atheismus wie in Frankreich. Sie war bei Lessing und später Kant zugleich eine Reflexion über Reichweite und Grenzen der Aufklärung. Im Pietismus erfährt die Religion als persönliche Herzensbildung und Aneignung der Heilsgeschichte durch das Subjekt eine Aufwertung. Daraus aber resultiert, etwa bei dem Aufklärungstheologen Semler, die Unterscheidung zwischen privater und öffentlicher Religion. Erstere ist zu größtmöglicher Freiheit bestimmt. Befähigt sind zu ihr allerdings nur diejenigen, die zur »Classe der geübteren Christen« gehören.[87] Man kann in diesem Begriff schon einen Vorklang auf Schleiermachers Rede von den religiösen Virtuosen erkennen.

Eine Ordnung und Disziplinierung der Lehre hat nur im Bereich der öffentlichen Religion und im Zusammenhang von Staat und Kirche eine Bedeutung. Die Privatreligion soll hingegen frei von aller Kontrolle sein. Diese freiere theologische Lehrart soll »die Menschen mit sich selbst, mit ihrer eigenen *moralischen* Geschichte bekannt machen«.[88]

Merksatz

- In der Aufklärung zeigt sich zunächst ein religionskritischer Ansatz.
- Es wird gezeigt, dass historische und Vernunftgründe gegen die Dogmen der Religion angeführt werden können (v.a. gegen das Alte und das Neue Testament).
- Aufklärung wird reflexiv, als Lessing erkennt, dass von historischer oder rationaler Kritik kein Weg zur Innenperspektive der Religion führt. Dieser »garstige, breite Graben« lässt die Frage nach dem Eigenen von Religion aufkommen.

Kant

Immanuel Kant (1724-1804) behandelte die Religion als Appendix der praktischen Philosophie. In seiner späten Schrift ›Die Religion innerhalb der Grenzen der bloßen Vernunft‹ (1793) anerkennt Kant aber auch umgekehrt, dass die Moral unumgänglich zur Religion führt.[89] Zu dieser These gelangt Kant durch den bis dahin in seiner praktischen Philosophie nicht formulierten Begriff des radikal Bösen als einer Realität. Radikal (von radix: Wurzel) ist nach Kant das Böse, das die Maximen des Handelns verkehrt, so dass sie nicht dem Sittengesetz und kategorischen Imperativ folgen, sondern der Eigenliebe. Religion wird von Kant rekonstruiert als Wiederherstellung der überdeckten Anlage zum Guten gegenüber diesem Hang zur Maximenverkehrung. Damit ist es der Versöhnungs- und Sühneaspekt, der die Religion innerhalb der Moral ins Spiel kommen lässt.

Der Einschnitt ist gegenüber Kants kritischen Hauptwerken (›Kritik der reinen Vernunft‹, ›Kritik der praktischen Vernunft‹, ›Kritik der Urteilskraft‹) unverkennbar. Denn dort war zwar von Gott, Freiheit und Unsterblichkeit der Seele als Postulaten der praktischen Vernunft die Rede, nicht aber von der Religion. Kant hatte gezeigt, dass die drei Grundthemen der traditionellen ›metaphysica specialis‹ (im Unterschied von der ›metaphysica generalis‹: der Lehre vom Sein, also der Ontologie) nicht dem Zugriff erkennender, bestimmender Vernunft zugänglich sind. Deshalb weist er ihnen einen nur postulatorischen Rang zu. Dies bedeutet, dass sie theoretische Sätze sind, die aber begrifflich nicht beweisbar sind. Diese Inhalte sind gemäß der Grenze, die der theoretischen Vernunft gezogen ist, nicht erkennbar. Sie sind nicht Gegenstände der Vernunft. Innerhalb der theoretischen Vernunft sind sie aber immerhin denkmöglich. Doch erst in der praktischen Vernunft haben sie eine konstitutive Bedeutung, da sie einen Weltbegriff beschreiben, der dem sittlichen Subjekt gemäß ist. Nach Kant ist es eine Naturanlage des Menschen, nach den Gegenständen der ›metaphysica specialis‹ zu fragen, insbesondere aber ist es ihm ein sittliches Bedürfnis.

Wenn Kant von Religion spricht, so zieht er zugleich deutlich die Grenze zwischen Glauben und Wissen. Er unterscheidet zwischen dem statutarischen Kirchenglauben in der Tradition und der Religion der Vernunft. Ähnlich wie bei Lessing, aber auch in Entsprechung zu dem Toleranzgedanken bei Friedrich dem Großen, geht Kant davon aus, dass die universale Vernunftreligion die konventionellen Religionen einmal ablösen werde. Noch sei statutarische Religion mit ihren Riten und

Kulten aber, zumindest für die Mehrzahl der Menschen, unabdingbar. Der statutarische Kirchenglaube bedarf jedoch des reinen moralischen Glaubens als seiner Auslegungsinstanz. Damit werden die kultischen Vollzüge der konkreten Religion auf ihren eigentlichen Sinn hin interpretierbar. So ist das Gebet im Sinne der Vernunftreligion Zwiesprache mit dem Gewissen und Verbindung moralischer Subjektivität mit der Gemeinschaft der sittlichen Subjekte (›Reich der Zwecke‹), der Kirchgang ist Zeichen für die Zugehörigkeit zu diesem sittlichen Reich. Wo sich der konventionalisierte statutarische Glaube von seiner Deutung durch die Instanz der Moral ablöst, pervertiert er zum After- und Aberglauben, zum geistlosen Ritualismus. Kant hält also einerseits das Potenzial der Religion fest. Andererseits verbindet sich seine Aufnahme des Potenzials der Religion mit religionskritischen Motiven. Man wird die Kantische ›Grenzbetrachtung‹ unschwer als bestimmendes Muster in der aktuellen Auseinandersetzung über den Zusammenhang von Religion und Aufklärung, Glauben und Vernunft wiedererkennen können. Jürgen Habermas hat jüngst zu Recht daran angeknüpft.

Exkurs: Gottesbeweise

Das Problem der Gottesbeweise liegt wie kaum ein anderes an der Grenze zwischen Religion und Vernunft. Die maßgebliche Grundform des (von Kant erst so bezeichneten) ›ontologischen‹ Gottesbeweises verdankt sich Anselm von Canterbury (auch Anselm von Aosta 1034-1109). Die berühmte Formel ist die ›Fides quaerens intellectum‹ (›Der Glaube, der nach der Vernunft fragt‹). Anselm entwickelt in seinem ›Proslogion‹ den argumentativen Gottesbeweis aus dem monastischen Gebet, das sich des Psalmgebetes bedient. Es ist also wichtig zu erkennen, dass der Gottesbeweis aus religiösem Leben erwächst und dieses voraussetzt. Erst Hume und nach ihm Kant in der ›Kritik der reinen Vernunft‹ haben die maßgebliche Formel des ontologischen Gottesbeweises, ›Das, über das hinaus nichts größeres gedacht werden kann‹, in Frage gestellt. Das Argument des ontologischen Gottesbeweises besagt: der Begriff Gottes als dessen, über das hinaus nichts größeres gedacht werden kann, fordert, Gott als existent zu denken. Denn der vollbestimmte Begriff der Essentia Gottes (Allmacht, Allgüte), dem nicht zugleich Existenz zukäme, wäre geringer als derselbe vollbestimmte Begriff, der die Existentia einschließt. Anselm schließt also, dass der Gott in der Wirklichkeit (in re) Größeres ist als der Gott im Gedanken (in intellectu).

Damit wird dem Begriff Gottes, anders als dem Begriff jedes anderen Seienden, bereits sein Sein zugesprochen. Kant führt dagegen ins Feld, dass Sein kein reales Prädikat sei, sondern lediglich eine Position. Dem Begriff Gottes wird also nichts hinzugefügt, wenn ihm Sein zu- oder abgesprochen wird. Hinter dem ontologischen Problem legt Kant das modaltheoretische frei: Der Begriff des *wirklichen* Gottes hat in keiner Weise eine höhere Extension gegenüber dem Begriff des *denk-möglichen* Gottes. Kant zufolge ist aber für die erkennende, theoretische Vernunft Sein oder Nicht-Sein Gottes nicht entscheidbar. Schwindel erregend und abgründig ist für Kant der Gedanke des absoluten Wesens, das bei sich selbst spricht: ›Ich bin von Ewigkeit zu Ewigkeit‹.

Das ›ontologische‹ Argument ist in Kants Sinn eine sehr kritisch gemeinte Bezeichnung, weil sich dahinter die ›Erschleichung‹ (Subreption) eines fehlgehenden Seinsbegriffs verbirgt. Kant zeigt zugleich, dass alle Beweise vom Dasein Gottes auf diese Grundform zurückgeführt werden können.

Hegels Ansprüche an den Gottesbeweis reichen im Sinne seiner spekulativen Philosophie ungleich weiter. Dabei hat Hegel dem alten Beweis Anselms gegenüber der Kantischen Destruktion Recht gegeben; denn Kant setze den Standpunkt des Endlichen absolut. In den Gottesbeweisen geht es dagegen um eine ›denkende Erhebung‹ zu Gott. Wenn Hegel den Gehalt des Absoluten Geistes selbst als einzigen Gottesbeweis verstanden wissen will, so bedeutet dies zugleich, dass die denkende Erhebung die Maßstäbe der rationalen Metaphysik sprengen muss. Goethes kritischer Einwand, Vorlesungen über den Gottesbeweis seien wohl nicht mehr an der Zeit,[90] treffen sich also mit Hegels Selbstverständnis.

Einen bedeutenden Neuansatz zu einem Gottesbeweis hat in jüngster Zeit Robert Spaemann vorgelegt. Er geht von Grammatik und Semantik aus. Audrücklich soll dieser letzte Beweis gegen Nietzsches Diagnose vom Tode Gottes resistent sein. Er zielt auf die grammatikalische Form des ›Futurum exactum‹, die Existenz des Vergangenen. Sie ist nur solange unproblematisch, solange es Erinnerung gibt. »Aber die Erinnerung hört irgendwann auf. Und irgendwann wird es keine Menschen mehr auf der Erde geben. Schließlich wird die Erde selbst verschwinden«.[91] Wie kann dann die Wirklichkeit des Vergangenen und das Wahrsein der ›ewigen Wahrheiten‹ festgehalten werden; wie kann der – offensichtlich als unsinnig empfundene Satz: »›In ferner Zukunft wird es nicht mehr wahr sein, dass wir heute abend hier zusammen waren‹« vermieden werden, der ohne jenes ›futurum exactum‹ aber zwangsläufig wäre? Der wirkliche Gott ist dann im Sinn von Spaemanns Gottesbegriff als ein Bewusstsein zu denken, »in dem alles, was geschieht aufgehoben ist, ein absolutes Bewusstsein. Kein Wort wird einmal ungesprochen sein, kein Schmerz unerlitten, keine Freude unerlebt. Geschehenes kann verziehen, es kann nicht ungeschehen gemacht werden«.[92]

Merksatz

- Kant zeigt, dass Gott kein Gegenstand unserer theoretischen Vernunfterkenntnis sein kann.
- Im Zusammenhang der Moral hat der Gottesbegriff (im Zusammenhang mit dem Begriff der Freiheit und der Seele) seinen Ort. Sie sind Postulate der praktischen Vernunft: Religion wird zum Welthorizont des sittlichen Subjektes.
- Die Realität des ›radikal Bösen‹ (radix: Wurzel) führt den späteren Kant aber zu der Einsicht, dass der Übergang von der Moral zur Religion unumgänglich ist
- Er unterscheidet den ›statutarischen‹ Kirchenglauben vom Glauben der Vernunft.

Die ›Flucht in den Begriff‹: Idealistische Religionsphilosophie seit Kant: Schleiermacher, Hegel, Schelling

Schleiermacher

Kant konnte von seinem Ansatz her den konkreten Religionen kaum Rechnung tragen. Die starke implizite Fixierung auf das Christentum, ja auf den ›Protestantismus‹, ist offensichtlich. Demgegenüber hat der junge Friedrich Schleiermacher (1768-1834) in seiner Reden über Religion ›an die Gebildeten unter ihren Verächtern‹ (1799) den eigenständigen Charakter der Religion hervorgehoben. Sie steht, wie Schleiermacher darlegt, in einem »schneidenden Gegensatz« sowohl zu Metaphysik wie auch zu Moral, zu Denken wie zu Handeln. Diese Abgrenzung ist bemerkenswert, da Schleiermacher zugleich davon ausgeht, dass der *Gegenstand* von Religion einerseits und von Metaphysik und Moral andererseits identisch sei: er bestehe nämlich im Universum und dem Verhältnis des Menschen zu ihm.[93] Der Religion kommt aber eine eigene Provinz in der Seele zu. Sie ist ihrem Wesen nach nämlich »Anschauung des Universums« und Gefühl. Sie bezieht sich nicht durch Begriffe, aber auch nicht durch Maximen oder Imperative auf die Welt, sondern sie schaut »die unendliche [..] Natur des Ganzen« »in stiller Ergebenheit im Einzelnen« an.[94] Damit verbindet sich Schleiermachers Überzeugung, dass Religion nur in der Pluralität ihrer Äußerungsformen überhaupt fassbar ist. Damit ist in dem Diskurs zwischen Aufklärung und dem neuen Epochenbewusstsein von Romantik und der beginnenden klassischen deutschen Philosophie die Einzigartigkeit der Religion exponiert. Zugleich stellt Schleiermacher in Frage, ob sich diese lebensweltliche und kultische Vielheit auf eine universalistische ›Religion der Vernunft‹ zurückführen lasse. Schleiermacher hat den Vollzug von Gefühl und Anschauung in der Religion nach drei Richtungen spezifiziert: Sie gehen einerseits nach innen, mit der Zielrichtung auf das Ich, zum anderen nach außen auf eine – unbestimmte – Anschauung von Welt, und schließlich gibt es die Verbindung beider Richtungen: »ein stetes hin und her Schweben«, das nur »in ihrer innigsten Vereinigung Ruhe findet«.[95] Diese Ruhe ist freilich nie ganz zu erreichen, solange das Unendliche in endlichen Formen vergegenwärtigt werden soll. Jene Ambivalenz kennzeichnet das religiöse Bewusstsein. Schleiermacher zeigt, dass Religion, aufgrund des Schwebezustandes zwischen Endlichem und Unendlichem, zu Individualisierung und Pluralisierung drängt. Jede individuelle Partizipation an Religion und erst recht jede positive Religion müsse von ihrem ›Zentralpunkt‹ aus begriffen werden. Wo immer ein solcher Gesichtspunkt der Anschauung des Universums vorliegt, spricht Schleiermacher von einer ›positiven Religion‹. Positive Religion bedarf also keines festen Lehrbestandes. Schleiermacher schreibt indessen einen traditionellen Topos des Aufklärungszeitalters fort, indem er zwischen der »kleinen Kirche« der zur Ausbildung der eigenen Religion befähigten »religiösen Virtuosen« und der »großen Verbindung« der öffentlichen Religion unterscheidet.

Von besonderem Interesse ist es, dass Schleiermacher Singularität und Absolutheit des Christentums aus der Pluralität der Religionen und Religionskulturen heraus zu begründen versucht. Eben dies wird auch, in einer gänzlich anderen Begründung, das Ziel von Hegels ›Religionsphilosophie‹ sein. Das Christentum konzentriert sich Schleiermacher zufolge auf die Idee, »dass alles Endliche höherer Vermittlungen bedarf, um mit der Gottheit zusammenzuhängen«.[96] Diese Idee reicht aber viel weiter als das historische Christentum. Sie ist vielmehr auch in außerchristlichen Religionen lebendig. Doch das Christentum habe diese Idee offengelegt. Deshalb ist es nach Schleiermachers Formulierung ›Religion der Religionen‹, ohne dass es deren Berechtigung in Zweifel ziehen müsste.

Kunst und Religion sind für Schleiermacher eng verschwistert. Dass er den Begriff der Kunstreligion begründet, sollte von großer Bedeutung für die Romantik sein. Schleiermachers Kunstbegriff war dabei äußerst weit gefasst. Er umschließt die Mimik, Musik, Malerei, Plastik, Poesie, auch Architektur und Kanzelberedsamkeit. Auch das absichtslos Schöne, das anderen Zwecken als ästhetischen dient, wird mit berücksichtigt. Dies formuliert Schleiermacher mit Hilfe der Kategorie des »Kunstlosen«. Das »Kunstlose« ist ihm zufolge die unmittelbare Identität von Gefühl und Äußerung und damit die Präfiguration künstlerischen Ausdrucks. Die Kunst, als freier Ausdruck, bezeichnet die Mitte zwischen Individualität und Allgemeinheit.

Obwohl Schleiermacher den Begriff der »Kunstreligion« prägt, redet er einer Verschmelzung von Religion und Kunst gerade nicht das Wort. Es geht ihm vielmehr um die Eigenständigkeit von beiden und er erwägt sogar, dass die Künstler vielleicht, zumindest fürs erste, dazu verurteilt sein könnten, »irreligiös zu sein«.

Worin besteht dann die ›geschwisterliche Treue‹ zwischen Religion und Kunst, von der der spätere Schleiermacher immer wieder spricht? Das »Gefühl schlechthinniger Abhängigkeit« begründe das religiöse Selbstbewusstsein, wohingegen die Kunst auf die Mitteilbarkeit eben dieses Gefühls konzentriert ist. Das Gefühl ist also die innere Seite der Religion, die Kunst ist ihre äußerliche Manifestation. Unübersehbar ist, dass Schleiermacher auch die Kirche und ihren Kultus in einiger Nähe zur Kunst verortet. In dem Maß wie eine »Religionseinheit sich als Kirche ausbildet, bildet sie sich auch ein Kunstsystem an«. »Die höchste Tendenz der Kirche ist die Bildung eines Kunstschatzes«. Schleiermacher hat also eine Kirche vor Augen, die sich nicht nur mystisch gründet, nicht nur rechtlich eine Form gibt, sondern die in der Kunst sichtbar werden muss.

Schleiermachers ›Kunstreligion‹ wirft aber auch kritische Fragen auf: So wurde seine Formel auf einer Linie zwischen den Romantikern und Richard Wagner auf eine Erlösung durch säkulare Kunst hin umgedeutet. Hegel hielt aus guten Gründen diese Synthese für einen Verstoß gegen den Inkarnationsglauben des Christentums.

Herder

Für die Genese der nachkantischen Religionsphilosophie ist der Beitrag von Johann Gottfried Herder (1744-1803) nicht unwichtig. Auch Herder vermeidet jede Hierarchisierung zwischen Religionen. Das Einzigartige an der Religion sei es, dass sie den ganzen Menschen umfasse. Sie greife »in alle Neigungen und Triebe des Menschen ein«.[97] In der Religion kann der Mensch nur Mensch sein. Er ist unentfremdet, wie Herder in der Folge von Rousseaus Reflexionen zum ›Naturzustand‹ und seiner Unterscheidung vom Kulturzustand bemerkt.

Herders Religionstheorie sucht nach einer umfassenden Menschenreligion, die er deutlich von dem dogmatisierten, kontroverstheologischen Christentum seiner Zeit unterschieden wissen will. Für ihn geht es deshalb, wie für die Theoretiker der Aufklärung oder für Kant, darum, das Gold von den Schlacken der Religion zu sondern. Das Kriterium ist allerdings nicht der Vernunftglaube, wie bei seinem großen Königsberger Antipoden Kant. Religion im eigentlichen Sinne ist nach Herder nur, »was unser Herz zwingend anspricht, unsre Triebe sich bemächtigt,

Gesinnung erweckt und unser innigstes Bewusstseyn bindet«.[98] Lehrmeinungen, Dogmata und Streitigkeiten sollen demgegenüber sekundär sein. Herders Versuch, konkrete Religion frei von Lehrmeinungen und dennoch inhaltlich reich darzustellen, muss in Aporien führen. Gerade dadurch ist er exemplarisch. Herder hat alle Religion im einzelnen so charakterisiert, dass sie ›Naturreligion‹ sei; zugleich aber Menschen- und Völkerreligion und schließlich Religion der Erfahrung. Jedem dieser Wesenszüge wird dabei eine ›Regel‹ zugeordnet: der Naturreligion, dass sie den Gesetzen der Schöpfung zu folgen und sie als »Gesetze eines allmächtigen, weisen, gütigen Vaters« zu begreifen habe. Die Menschen- und Völkerreligion folgt der Maxime: »Wirke, überwinde mit Liebe bis in den Tod; aufopfernde Liebe bringt dem Menschengeschlecht Heil: denn es ist ein Ganzes und du gehörst dem Ganzen!«[99] Die Religion der Erfahrung steht unter einer Regel, die Herder als die ›innigste‹ Regel bezeichnet und die sich mit dem modifizierten Aufklärungsgedanken der ›Erziehung des Menschengeschlechts‹ verbinden soll: »Sei deinem Gewissen treu, in ihm spricht der Geist Gottes (....) Glaube ein Emporkommen aus Schwächen, selbst aus dem Tode; einen nie unterbrochenen Gang der Vorsehung, den Guten ein immer wachsendes Heil, jedem Guten ewig belohnende Folgen«.[100] Damit nennt Herder den tiefen Grund dafür, dass Religion nicht mit den verschiedenen strittigen Lehrmeinungen zu verwechseln ist. Während diese spalten, vereint sie. In den Menschenherzen sei die Religion selbst nur Eine.

Hegel

G. W. F. Hegel (1770-1831) ging schon in seiner Frühzeit, in seinen Frankfurter Fragmenten, an entscheidender Stelle über den Religionsbegriff Schleiermachers hinaus. Dieser bleibt nach Hegels Auffassung auf das unmittelbare Selbstverhältnis von einzelnen Individuen begrenzt. Der objektive Gehalt der Religion bleibt aber unbeachtet. Gegen Schleiermacher arbeitete Hegel scharf heraus, dass Anschauung ein nur beschränktes Vermögen und daher niemals dem Unendlichen, dem Universum angemessen ist. Der von Schleiermacher beschworene Schwebezustand zwischen Endlichem und Unendlichem wird für Hegel zu einem Widerspruch.

In Hegels philosophischer Entwicklung bis zur ›Phänomenologie des Geistes‹ (1806/07) und zu seinem späteren, reifen Enzyklopädie-System spielt die Religion eine entscheidende Rolle. Hegels ›theologische Jugendschriften‹ (Herman Nohl) lassen eine deutliche Entwicklung erkennen. Geht er zu Anfang mit Kant davon aus, dass die Positivität und historische Kontingenz des Christentums in eine moralische Vernunftreligion aufzulösen sei, so erkennt Hegel zunehmend die Positivität als eine unhintergehbare, erste Form der Religion.

Der große Defekt der eigenen Zeit in der Folge der Aufklärung besteht nach Hegel darin, dass Glaube und Wissen, Religion und Vernunft auseinandergerissen wurden. Die exemplarische Figur dafür ist Jacobi. Er hatte seinerzeit publik gemacht, dass Lessing sich als Spinozist bekannt habe. Dies aber hieß in der Interpretation Jacobis: Als Anhänger einer rationalen Philosophie der pantheistischen Einheit von Welt und Gott, in der Freiheit getilgt ist. Jacobi sollte in der folgenden Zeit jede Philosophie, die die Substanz von Religion auf den Begriff zu bringen suchte, bis hin zu Schelling, des Spinozismus zeihen. Auf der einen Seite ist die durchgehende Rationalität, auf der anderen der Glaube an den persönlichen Gott, der sich aber nicht im Begriff, sondern nur im Gefühl manifestiert.

Jacobi bestimmte von hier her das Verhältnis zwischen Religion und Vernunft als einander ausschließend. Ein ›Salto mortale‹ führt auf den festen Grund des Glaubens an einen persönlichen Gott; er katapultiert aber zugleich aus der Rationalität heraus.

Hegel hielt fest, dass im Zuge der Aufklärung die Religion, selbst bis in Glaubenslehre und Dogmatik, ihres Inhaltes entleert wurde. Es bleibe nur Gefühl, oder die ins Leere gerichtete Sehnsucht nach Transzendenz. Umgekehrt reduziere sich der Vernunftbegriff auf den Bereich der Endlichkeit. Transzendenz wird dem Denken entzogen und damit irrational. Von hier her erscheint es Hegel als die zentrale Frage, wie der Graben zwischen Glauben und Wissen wieder geschlossen werden könne. Diese Entzweiung zu vermitteln, hält Hegel für ein zentrales Desiderat der Vernunft. Es ist aber auch für die Religion unerlässlich: denn die Vermittlung von Endlichkeit und Absolutheit ist nach Hegel der Inhalt aller Weltreligionen. Das Kerygma des Christentums, dass Gott Mensch geworden ist, macht diesen Gehalt offenbar. Wenn Religion selbst auf eine Seite eines Entzweiungsverhältnisses rückt, so führt sich ihre Vermittlungskraft ad absurdum.

In der Moderne, in der die aufklärerische Brechung der unmittelbaren Religion unabdingbar geworden ist, kann die Vermittlung nicht mehr unmittelbar geschehen. Der substanzielle Gehalt der Religion ist also in Philosophie zu übersetzen.[101] An dieser entscheidenden Stelle hat Hegels berühmte Wendung von der »Flucht in den Begriff« ihren Ort,[102] mit der seine Religionsphilosophie schließt. Er ist aber keineswegs der

Auffassung, dass die Religion ohne Verluste in den spekulativen Gedanken übergehen kann. Die Philosophie hat keinen Kultus. Philosophen sind, wie Hegel sagt, ein »einsamer Priesterstand«: die allgemeine Verbindlichkeit von Religion kann er niemals erreichen.

Dass die Übersetzung erforderlich ist, ist vielmehr Anzeichen dafür, dass die wechselseitige Vermittlung und Versöhnung von Glauben und Wissen fehlgeschlagen ist. Deshalb verweist Hegel darauf, dass mit der Flucht in den Begriff zu enden, heiße, »mit einem Misston« zu enden. Über diese Aporie führt aber nach Hegel kein Weg hinaus. Nach Hegels eigenem Maßstab ist also sein Vermittlungsversuch von Glauben und Wissen im letzten nicht gelungen.

Die ›Flucht in den Begriff‹ ist im Hegelschen Sinne ein Aufhebungsverhältnis: Hegel operiert dabei mit einem dreifachen Begriffsverständnis von ›Aufheben‹: Aufheben bedeutet zum einen Negieren (negare) von Religion in ihrer konkreten kultischen und geschichtlichen Gestalt: hat doch Religion in der Moderne ihre ursprüngliche versöhnende und identitätsstiftende Kraft verloren. Die zweite Bedeutung von Aufhebung elevare verweist darauf, dass die einstige Leistungskraft der Religion auf die höhere Ebene des Begriffs übergehen muss; schließlich ist dieses Aufheben ›conservare‹ Bewahrung der Substanz des Aufgehobenen.

Hegels Ansatz hat in der Geschichte der Religionsphilosophie eine einzigartige Bedeutung: Er folgt, anders als Thomas von Aquin, nicht zwei Wegen; der natürlichen, endlichen Vernunft einerseits und dem Offenbarungsglauben andererseits. Er geht vielmehr davon aus, dass der Gegenstand und Gehalt von Religion und Philosophie derselbe sei. Die Philosophie löse ihn aber im Medium des Begriffs, die Religion in jenem der Vorstellung ein.

Da in der Folge aufklärerischer Religionskritik aus der gelebten Religion der Inhalt getilgt wurde, ist sie nach Hegels Urteil auf ein Subjektivitätsverhältnis verkürzt. Religion ist lediglich Ausdruck subjektiver Sehnsucht. Gegen Schleiermacher gerichtet, bemerkt Hegel, dass das Objektive der Religion auch aus der Theologie getilgt worden sei. Diese Gehalte zu bewahren und in das Medium des Begriffs ›aufzuheben‹, sei deshalb die zentrale Aufgabe der Philosophie. Aufgrund der Identität von Religion und Philosophie begreift Hegel die Philosophie als ›rationellen Gottesdienst‹. Dies ist eine traditionelle Bestimmung, die sich von Sokrates und Platon herschreibt, systematisch aber im Zusammenhang von Metaphysik als Erster Philosophie und Theologie seit Aristoteles entfaltet wurde. Das Neue ist, dass Hegel dieser tradierten Konzeption eine auf die Moderne bezogene Pointe und Aktualisierung gibt.

Sachlich grundlegend für die behauptete inhaltliche Identität von Philosophie und Religion, denen es beiden um die Vermittlung des Endlichen und des Absoluten gehe, ist es, dass nach Hegel die dialektische Struktur des philosophischen Begriffes mit der trinitarischen Struktur Gottes identisch ist: Er ist Einheit (1. göttliche Person), Entäußerung (›Kenose‹) in das Andere (2. göttliche Person) und Rückkehr zu sich selbst (Geist, 3. göttliche Person), worin zugleich die Verbindung zwischen Identität und Entäußerung liegt. *Identität von Identität und Differenz* ist die Grundformel, die Hegel der spekulativen Philosophie und dem absoluten Begriff gibt. Grundlegend ist dabei, dass das religiöse Bewusstsein sich zum denkenden Begreifen von Religion erheben soll. Diese Aufhebung in den Begriff ist für Hegel modern, da sie die Forderung einer Zeit markiert, in der die Rechtfertigung durch den Begriff allgemeines Bedürfnis ist. Eben in diesem Sinne begreift er die eigene Epoche der klassischen deutschen Philosophie. Nur auf diese Weise sei eine Vermittlung und Versöhnung von Glaube und Vernunft, von Endlichkeit und Unendlichkeit möglich, nachdem im Zuge der Aufklärung eine immanente Deutung der Welt religiöse, transzendente und übernatürliche Welterklärungen hat obsolet werden lassen und nachdem zugleich deutlich gezeigt wurde (Reimarus, Lessing), dass sich religiöser Glaube nicht auf historische Zeugnisse begründen lässt.

Hegel begreift, sehr im Unterschied zu Schleiermacher, Religion nicht von der religiösen Subjektivität, sondern vom religiösen Verhältnis her: In ihm begegnen sich immer subjektive und objektive Seiten der Religion. Religion ist also nicht einfach ein Gottesbewusstsein, sondern zugleich die Manifestation des Werdens Gottes in der Geschichte. Diese Verbindung von Subjektivität und Objektivität wird im Begriff der ›Erhebung‹ des endlichen Bewusstseins zur Wahrheit, also zu Gott, ausgedrückt.

Bis heute wird die theologische und religionsphilosophische Rezeption des Hegelschen Ansatzes dadurch blockiert, dass die unmittelbare existenzielle religiöse Erfahrung gegen Hegels begriffliche Vermittlung in Position gebracht wird. Dies geschah in eindrucksvollster Form bei Kierkegaard, dem Religion, insbesondere das Christentum, ein einziges großes Paradox ist, durch den Begriff nicht zu fassen. Aus der Sicht Hegels würde eine jede Abwehr des Begriffs hingegen nicht auf der Höhe der Zeit sein. Unmittelbare Religion ist aus sich selbst nicht zu rechtfertigen. Sie wird repressive Züge annehmen und sie muss zum Anachronismus werden. »Wenn die Zeit erfüllet ist, dass die Rechtfertigung durch Begriff Bedürfnis ist, dann (lebt) nicht mehr im unmittelbaren Bewusstsein, d.i. in der Wirklichkeit die Einheit des Innern und Äußern. Sie ist im Glauben nicht mehr gerechtfertigt, nur noch behauptet durch Härte, objektiven Befehl, äußerliches Daraufhalten«.[103] Recht behält die Kritik an Hegels Ansatz aber darin, dass die Aufhebung von Religion in den Begriff wesentlichen Elementen religiöser Erfahrung nicht gerecht werden kann: nämlich den nicht propositional aussagbaren Dimensionen des religiösen Vollzuges, dem Mysterium, aber auch dem für Judentum und Christentum entscheidenden Problem der Gottesferne (des ›Deus absconditus‹).[104]

Obwohl seine Religionsphilosophie auf das Christentum als absolute Religion abzielt, hat sie Hegel als synkritische Darstellung der Weltreligionen angelegt, in denen auf unterschiedlichen Stufen die Versöhnung und Vermittlung von Endlichem und Absolutem zu finden ist. Damit hat er vollständiger als in jedem verwandten Ansatz die auch von Schleiermacher geteilte Einsicht expliziert, dass der Begriff von Religion nur in seiner Genese aus den Religionen gewonnen werden kann. Dass das Christentum die absolute und wahre Religion ist, möchte Hegel im Durchgang durch die konkreten Weltreligionen zeigen. Tautologisch ist dieses Verfahren, weil Hegel implizit einen dem Christentum und dem philosophischen Begriff abgelesenen Maßstab anlegt, nach dem er die anderen Religionen misst: Es ist die untrennbare Verbindung zwischen Allgemeinem und Einzelnem, zwischen Absolutem und Endlichem, oder, in religiöser Rede gesagt: die Menschwerdung Gottes, die durch den Geist in der Gemeinde bezeugt wird.

Um Hegel gerecht zu werden, muss man aber bedenken, dass er, auf dem Kenntnisstand seiner Zeit, sich auch mit den konkreten Formen der positiven Religion in einer Weise auseinandergesetzt hat, wie dies zuvor nicht geschehen ist. Er gliedert die Erörterung jeder Form der Religion, außer der ›absoluten Religion‹ des Christentums, dreifach: zuerst wird der metaphysische Begriff der Religion, also ihre philosophisch zu erfassende Idee bestimmt, dann wird, mit geringfügigen Variationen, ihre geschichtlich konkretisierte Existenz und schließlich wird ihre Manifestation im Kultus (Gottesdienst) entwickelt. Dem Kultus kommt nach Hegel eine besondere Bedeutung zu, da in ihm Theorie und Praxis, Begriff und Realität, Lehre (Dogma) und Lebensvollzug verschmelzen. Die Manifestation Gottes in der Endlichkeit ist, wie schon bemerkt, für Hegel für jede Religion grundlegend. Deshalb zieht er einen scharfen Schnitt zwischen Religion und verwandten Phänomenen wie der Magie oder Zauberei.

Man kann sich, wie der Schweizer Schriftsteller Thomas Hürlimann gelegentlich bemerkte, Hegels System wie eine große, ausladende Treppe denken. Diese Systemhierarchie verbindet sich aber mit der Genese der Geschichte der Weltreligionen. Auf der niedersten Stufe der Religion, der Naturreligion, zeigt sich die Menschwerdung des Absoluten im Medium natürlicher Vorstellungen, wobei Hegel unter dieser Rubrik auch die chinesische ›Religion des Maßes‹, die indische ›Religion der Phantasie‹ (bei ihm sowohl die altindischen Religionen als auch den Hinduismus) behandelt. Schließlich folgt der Buddhismus als Religion des Insichseins. Die große Antithese zur Naturreligion ist in der Darstellung Hegels die ›Religion der Freiheit‹. Parsismus (Zoroasterreligion) und ägyptische Religion werden hier behandelt. Dass die Religion der Freiheit als Herauslösung der religiösen Vorstellung aus dem Naturzusammenhang eine entscheidende Zäsur in der Genese der Weltreligionen bezeichnet, verbindet sich mit Hegels Auffassung, dass die Manifestation Gottes in einem einzelnen Menschen im Christentum die ›Unendlichkeit‹ persönlicher Freiheit überhaupt erst ans Licht gebracht habe. Für Hegel stellt sich von hier her das Verhältnis von Religion und Aufklärung (Moderne) vollkommen verändert dar, als im Sinn der Aufklärung. Hegel will nämlich zeigen, dass zwischen Religion und Moderne kein Widerspruch existiert, da ihnen *ein und dasselbe* Prinzip der individuellen Freiheit des Einzelnen zugrunde liegt. Dies geht so weit, dass Hegel einmal in Bezug auf die Französische Revolution bemerken kann, es habe zweitausend Jahre gedauert, bis das Freiheitsprinzip der christlichen Menschwerdung Gottes von der Innerlichkeit nach außen treten und damit geschichtsmächtig habe werden können. Die Herauslösung der Religion der Freiheit aus der Naturreligion begreift Hegel in den Religionen geistiger Individualität, in denen die Einzelheit des subjektiven Geistes mit dem göttlichen Geist in ein Verhältnis treten kann. In diesem Horizont behandelt er die jüdische Religion der Erhabenheit; die (griechische) Religion der Schönheit und die (römische) Religion der politischen und rechtlichen Zweckmäßigkeit.

Die christliche absolute Religion wird in ihrer trinitarischen Struktur als Reich des Vaters (Gott in seiner ewigen Idee an und für sich) als Reich des Sohnes (die ewige Idee in der Differenz) und schließlich als Reich des Geistes (Die Idee in der Gemeinde) expliziert. Die Trennung zwischen Begriff, geschichtlicher Konkretion und Kultus, wie sie für die anderen Religionen bestimmend war, ist nämlich nach Hegel im Christentum von vornherein in ein Vermittlungs- und Versöhnungsverhältnis gebracht.

In der Religionsphilosophie zeigt sich, dass für Hegel die Geschichte der Weltreligionen zugleich die Geschichte des zu Freiheit und begrifflich vernünftiger Bestimmung kommenden Gottes ist. Sie ist daher Prozess des Werdens Gottes, Theo-genese. Zugleich wird deutlich, dass für Hegel die Positivität der Religion, und damit auch ihre Genese untrennbar in ihren Begriff eingeht. Dies unterscheidet ihn von Denkern wie Kierkegaard oder Nietzsche, die die ›Dekadenz‹ der Geschichte von Religionen nachweisen, indem sie diese an dem reinen, noch nicht deformierten Anfang messen. Nietzsche sagte in diesem Sinne, es habe nur einen wirklichen Christen gegeben und der sei am Kreuz gestorben.[105]

Hegel begreift das Christentum von seiner *Bezeugung in der Gemeinde* her. Dies hat in anderen Religionen den gemeinsamen, verbindenden Kultus zur Entsprechung. Nur dadurch, dass es durch einen gemeinsamen Geist beglaubigt und gerechtfertigt wird, kann es übergeschichtliche und über-kontingente Bedeutung gewinnen. Eine tiefe Zäsur, ja eine Krise tritt daher ein, wenn diese Rechtfertigung nicht mehr im Glauben, sondern nur im Begriff eingelöst werden kann. Für Hegel ist freilich das Christentum in besonderer Weise *denkende Religion,* da es (1) zur Freiheit emanzipiert; (2) Gottesbilder und -symbole dadurch in ihrer Begrenztheit und Unzulänglichkeit zeigt, dass es den Tod des Gottes, der aller Gestalt entäußert ist, ins Zentrum rückt. Hegel spricht vom »spekulativen Karfreitag«, durch den der ›Tod Gottes‹, eines der radikalsten Motive der Religionskritik (Jean Paul, Heinrich Heine, Friedrich Nietzsche) in die christliche Heilsgeschichte selbst eingeht, und auch in die Philosophie, die ihn zu begreifen sucht.

Die Defizite in Hegels Erfassung des Propriums der positiven Weltreligionen liegen auf der Hand: Er misst diese nicht am Selbstverständnis derjenigen, die sie praktizieren, oder an einer philosophischen Idee, wie sie sich aus Buddhismus, Hinduismus, Judentum oder Islam in einer Hermeneutik herausbilden ließe, die Innen- und Außenperspektive verbindet. Hegels Deutung der Weltreligionen ist fokussiert auf den Begriff absoluter Religion und baut den Weg zu dieser nach Hegel höchsten Form in der Gestalt einer Treppe, die um die selbe Achse in aufsteigenden Spiralen konstruiert ist. Eine einfache, lineare Teleologie wird man Hegel aber keineswegs vorwerfen dürfen. Kommt doch die ›absolute Religion‹ seiner Auffassung nach nur durch die Genese der Weltreligionen überhaupt zu sich.

Hegel hat schließlich große Sorgfalt auf die Bestimmung des Verhältnisses von Religion und Politik verwandt. Dies ist den wenig kenntnisreichen Kritikern entgegenzuhalten, die ihm eine ›Vergöttlichung‹ des Staates vorhalten, in der Folge von Karl Popper (*Die offene Gesellschaft und ihre Feinde*, 1947). Hegel hält an der auf das Neue Testament zurückgehenden, durch Paulus, Augustinus und Luther begründeten Lehre von den Zwei-Reichen und zwei Gewalten fest.[106] Im Sinne dieser Lehre kann sich politische Macht niemals unmittelbar aus der Religion, also theo-kratisch, legitimieren. Der den objektiven Geist (Recht, moralischer Imperativ, Sittlichkeit) in Hegels Sinn krönende und vermittelnde »sittliche Staat« ist allerdings ohne die absolute Religion nicht zu denken. Dies ist für Hegel das »protestantische Prinzip«,[107] wonach die Sittlichkeit auf Freiheit begründet ist. So hat Hegel bemerkt: »Es ist Ein Begriff der Freiheit in Religion und Staat. Dieser Eine Begriff ist das Höchste was der Mensch hat, und er wird von dem Menschen realisiert«.[108] Auf Religion, genauer: dem Christentum, kann im Sinne Hegels der sittliche Staat nur im Grundsätzlichen beruhen. Doch ist Religion nicht funktionell zu Integrationszwecken zu missbrauchen. Staatliche Legitimation muss in concreto vor dem Forum der Vernunft erfolgen. Die Philosophie, nicht die Religion ist dabei die leitende Instanz.

Für die Nachwirkung von Hegels Religionsbegriff bedeutete die Spaltung in eine rechts- und eine linkshegelianische Schule nach seinem Tode eine schwere Belastung. Dieser Streit ist in erster Linie um die Religionsphilosophie entstanden. Während die Linkshegelianer an die Stelle der Vermittlung durch die Menschwerdung Gottes den Gattungsprozess rücken und damit Hegels Religionsphilosophie vom ›Kopf auf die Füße‹ stellen, sehen die Rechtshegelianer Hegel als affirmierenden Philosophen der kirchlichen Doktrin und des preußischen Staates. Beide Parteiungen verfestigen die Begriffe, die Hegel zufolge dialektisch verflüssigt werden müssen.

Hegels Religionsphilosophie ist aufgrund dieser Schulstreitigkeiten, aber auch aufgrund der Übermacht von Religionskritik einerseits, subjektiver und privater Auffassung der Religion andererseits kaum in ihrer ganzen Tragweite rezipiert worden. Hinzu kam im Laufe des ›positivistischen‹ 19. Jahrhunderts eine immer tiefere Skepsis gegenüber spekulativen Entwürfen. Innerhalb der philosophischen Religionstheorie zeichnete sich eine Rückkehr zu Kant ab. In der evangelischen Theologie verweist die antiphilosophische dialektische Theologie Karl Barths auf das äußerste Extrem einer Abkehr von der Philosophie und von dem Kulturprotestantismus in der Folge von Schleiermacher. Seither lassen sich, unwesentlich vereinfacht, Wellenbewegungen zwischen jener Offenbarungstheologie und Rückbesinnungen auf den Kulturprotestantismus und auf ein Verständnis von Religion als innerer Sinndeutung konstatieren.[109] Während der römisch-katholischen Theologie die scholastische Philosophie von Thomas von Aquin und damit im Hintergrund die Aristotelische Ontologie zugrunde liegt, hat der Protestantismus niemals zu einer vergleichbaren Grundphilosophie gefunden. Am Beginn des 21. Jahrhunderts kann man fragen, ob die Zeit wirklich über Hegels Religionsphilosophie hinweggegangen ist – nicht zuletzt aufgrund der Potenziale, die sie bei aller Schwäche für eine interkulturelle Religionstheorie aufweist. Man kann zumindest die These wagen, dass eine philosophische Religionstheorie sich am Komplexitätsniveau Hegels wird messen lassen müssen.

Schelling

F. W. J. Schelling (1775-1854) hat in seiner Spätphilosophie eine bemerkenswerte Gegenkonzeption zu Hegel entwickelt. Schelling ist der Auffassung, dass die von Hegel behauptete Identität zwischen dem Gegenstand der Religion und dem Gegenstand der Philosophie nur bis zu einem abstrakten Begriff von Gott gelangt, nicht aber zu der Wirklichkeit des Göttlichen, um die es in konkreten Religionen geht. Deshalb spricht er, im Blick auf Hegel und auf die gesamte Tradition rationaler Theologie und Metaphysik, von einer *negativen Philosophie*. Sie kann die Wirklichkeit Gottes und der Gotteserfahrung nicht darlegen, sondern lediglich den Gottesbegriff so denken, dass er logisch möglich ist. Wie in einem Vorgriff auf die Rehabilitierung der begriffsunabhängigen Erfahrung bei Feuerbach oder Kierkegaard, bemerkt auch der späte Schelling, dass sich Wirklichkeit in der dialektischen Begriffsbestimmung nicht fassen lasse. Er konzipiert deshalb eine zu der negativen Philosophie komplementäre *positive Philosophie,* die an den Quellen und Zeugnissen der positiven Religionen die Wirklichkeit der Gotteserfahrung und der Manifestation des Göttlichen in Mythos, Kultus und Geschichte aufweisen sollte. Damit geht einher, dass Schelling den Systemgedanken und -anspruch verabschiedet. Die positive Philosophie, die als Schellings Religionstheorie zu lesen ist, gliedert sich ihrerseits in *Philosophie der Mythologie* und *Philosophie der Offenbarung*. Schelling versucht zu zeigen, dass die Wirklichkeit der Religionen sich im Mythos vorbereitet. Hier steht die Struktur des Gehalts der Religion unter den Voraussetzungen der Notwendigkeit und unter Naturbedingungen. Erst in der Offenbarung wird eine Interpretation dieser Inhalte auf die Freiheit eines persönlichen Gottes gegeben. Exemplarisch weist Schelling die Strukturähnlichkeiten und die Wanderungsbewegungen zwischen indischen, vorderorientalischen, griechischen, aber auch althebräischen Mythen auf.[110] Im Mythos wird das Gottesgeschehen auf verschiedene Gottheiten verteilt. Der Grundakt der Philosophie der Offenbarung besteht hingegen darin, zu zeigen, dass dies verschiedene Seiten einer und derselben Gottheit sind. Deshalb ist der Mythos polytheistisch verfasst, die Offenbarungsreligionen hingegen entwickeln den Monotheismus eines freien göttlichen Willens, der in keiner Weise prädeterminiert ist, auch nicht durch den Begriff im Hegelschen Sinne. Den Übergang zwischen Mythos und Offenbarung bezeichnen im Sinne Schellings die griechischen Mysterien. Sie zeigen den in sie Eingeweihten, dass die esoterische Polisreligion lediglich vergängliche Hülle ist – dies ist Schellings Erklärung dafür, dass über jene Eingeweihten bei Todesstrafe das Schweigegebot verhängt ist. Der entwickelte Monotheismus der Philosophie der Offenbarung besteht nach Schelling in der Einsicht, dass Gott All-Einer ist. Davon unterscheidet er einen ausschließenden noch vor-mythischen abstrakten Monotheismus, der den Ein-Gott allen anderen Gottheiten gegenüber abgrenzt.

Anhand der jüdischen Religionsgeschichte legt Schelling, die Genese von diesem abstrakten zu dem vollständig bestimmten Begriff des Monotheismus exemplarisch dar. Ihre Stärke hat Schellings ›positive Philosophie‹ darin, dass sie die Struktur des Mythos, die in unterschiedlicher Weise in verschiedenen Religionen anzutreffen ist, unabhängig vom Maßstab des Christentums entwickelt. Dabei wird dieses Geschehen nicht nur in seiner inneren Genese, sondern auch hinsichtlich seiner Wirklichkeit für die aufnehmende Seele beleuchtet. Es hat also, was ein Interesse tiefenpsychologischer Theorien an Schelling (v.a. aus der Schule C. G. Jungs)[111] nach sich zog, eine männliche und eine weibliche Seite.

Die starke Orientierung an der Differenz von Mythologie und Offenbarung bedeutet eine Konzentration auf die Tiefenstruktur der Religionen. Ihre geschichtliche und gegenwärtig konkrete Ausformung wird weniger berücksichtigt als bei Hegel.

Zudem findet Schellings Deutungsschlüssel eine Grenze an Religionen, die nicht ohne weiteres auf eine mythologische Schicht zurückzuführen sind (wie etwa am Buddhismus). Dass sie den Islam, der seinem Selbstverständnis nach Offenbarungsreligion nach dem Christentum ist, kaum berücksichtigt, hat Schellings Spätphilosophie allerdings mit Hegel gemeinsam.

- **Die nachkantische Philosophie wendet sich verstärkt der konkreten Religion zu. Sie wird emanzipiert von Moral und Erkenntnis.**

- Bei Schleiermacher geschieht dies, indem Religion als Gefühl und ›Anschauung des Universums‹ und als ›Sinn und Geschmack für das Unendliche‹ begriffen wird.
- Für Herder ist jede Religion zugleich Natur-, Vernunft- und Erfahrungsreligion, aber in einer unverrechenbaren individuellen Gestalt.
- Hegel lehrt, dass Religion immer die Struktur der Vermittlung des Endlichen und Absoluten ausmacht. Ihr Medium sei die ›Vorstellung‹. Im Gegenstand ist sie mit der Philosophie identisch, in der Form unterscheidet sie sich von ihr.
- Wenn Hegel davon ausgeht, dass Religion in den Begriff ›aufzuheben‹ sei, so zeigt Schelling, dass sie sich von ihm emanzipiert: in der Freiheit religiöser Erfahrung und der personalen Selbstmitteilung des Göttlichen.

Romantik

Der Gegenentwurf zu der idealistischen Religionsphilosophie zeigt sich in einer Rückwendung zum katholischen Mittelalter. Es tritt in der Romantik als eigene Ausprägung der Kunstreligion hervor: in den Beschwörungen des katholischen Mittelalters durch Wackenroder (1773-1798) und Tieck (1773-1853). Eine christlich geprägten Welt, »wo *Eine* Christenheit« Europa prägte, hat Novalis (Friedrich von Hardenberg, 1772-1801) in seinem Essay ›Die Christenheit oder Europa‹[112] als Sehnsuchtsgestalt und Konstruktion der Zerrissenheit der neueren Zeit entgegengestellt. Allerdings wurde dieser 1799 für die Zeitschrift ›Athenäum‹ geschriebene Aufsatz dort nicht publiziert – nicht zuletzt, weil sich Goethe, der als Schiedsrichter angerufen wurde, dagegen aussprach. Das höhere Leben des Mittelalters bedeutete nach Novalis zugleich Befriedung, der Instanz des Papsttums kommt dabei maßgebliche Bedeutung zu.

Der Weg in die moderne Entfremdung von der Religion wird, ähnlich wie bei Hegel – und im Ansatz schon bei Lessing –, als Weltalter der Entzweiungen interpretiert, aber im Unterschied zu diesen Denkern nicht bejaht. Von der Reformation bis zur Französischen Revolution zieht Novalis die Linie der neueren Zeit. Erst durch genauere Kenntnis der Religion könne man jene fürchterlichen Erzeugnisse eines Religions-

schlafs, jene Träume und Deliria des heiligen Organs besser beurteilen...
»Wo keine Götter sind, walten Gespenster«.[113]

Eine erste entscheidende Ausprägung fand die romantische Restauration eines mittelalterlichen Religionsbegriffs im Zeitalter der Französischen Revolution in der Schrift ›Geist des Christentums‹ von F.-R. de Chateaubriand (1768-1848). Chateaubriands Interesse an der vormodernen Religiosität war gleichermaßen religiöser und ästhetischer Natur. Er beschreibt sein Verhältnis zum Kultus der Alten Kirche im Sinne einer fast erotischen Liebe, eines Angezogen- und Überwältigtseins durch den Kultus. Er setzt sich der aufklärerischen, von ihm vor allem Voltaire zugeschriebenen Tendenz entgegen, das Christentum der Lächerlichkeit preiszugeben oder es für die Unterdrückung freier Gedanken und höherer Kultur zur Verantwortung zu ziehen. Es sei »weit entfernt, den Gedanken zu verkrüppeln.« Vielmehr könne es »mit derselben göttlichen Gewalt den Geist bezaubern [...] wie die Götter Vergils oder Homers«.[114]

Chateaubriand streift den Topos von den Kirchen als Grabmalen Gottes, der sich auch bei Jean Paul und später bei Nietzsche finden lässt. Er wendet ihn aber in eine andere Richtung. So beschreibt er, wie er in der Nachrevolutionsära eine Klosterruine betritt, und unversehens Orgelmusik und der Choral: ›Laudate Dominum, omnes gentes‹ zu hören ist. »Wir meinten«, kommentiert Chateaubriand, »eine Stimme vom Himmel zu hören, die uns zurief: ›Kleingläubiger Christ, warum gibst du die Hoffnung auf? Glaubst du, ich ändere wie die Menschen meine Pläne? Statt meine Ratschlüsse anzuklagen, ahme meine treuen Diener nach, die die Schläge meiner Hand segnen noch unter den Trümmern, unter denen ich sie zermalme«.[115]

Es ist richtig beobachtet worden, dass Chateaubriand dabei ein höchst modernes und reflexives Religionsbewusstsein hat. Die romantische Rückwendung zu Gott setzt zuerst die ›distentio‹, die Zerstreuung in die Welt, voraus. Chateuabriand betont zudem ausdrücklich, dass Religion den Menschen auf den Schmerz verweist: dies ist der Punkt, an dem der Mensch schwach ist und zugleich seine größte Stärke hat.[116]

> ### Definition
>
> **Die Moderne in Europa ist bestimmt durch Säkularisierung (Verweltlichung) religiöser Denk- und Lebensformen. Deshalb ist Religionskritik in der Folge der Aufklärung eines ihrer charakteristischen Medien. In ihrer Genese wird aber ein dialektisches Verhältnis deutlich: Die Moderne lebt aus den Ressourcen, von denen sie sich zunehmend abgrenzt.**

Religion und Moderne

Formen der Religionskritik im 19. Jahrhundert

Die nachidealistische Entzauberung von Religion schreibt die Religionskritik der Aufklärung fort. Sie kann dabei auf eine neue Blüte der empirischen Wissenschaften und ein positivistisches Epochenbewusstsein
verweisen.

Von hier her kann der Versuch einer Verbindung von Glaube und
Vernunft in der klassischen deutschen Philosophie, vor allem bei Hegel,
als Interim erscheinen, das nur wenige Spuren hinterließ und vor dem
Verlauf der Geschichte als wenig erfolgreich erscheinen könnte.

Ludwig Feuerbach (1804-1872) bezieht seine Religionskritik in erster
Linie auf den Menschen als Gattungssubjekt. Allgemeinheit kommt dem
Menschen nicht als Individuum zu, sondern als Gattungssubjekt. Deshalb hat die Gattung Priorität vor der Individualität. Gott jedoch ist eine
Projektion dieser Gattungsallgemeinheit. Indem das immanent Unendliche als Gott hypostasiert werde, entsteht ein zerrissenes und unglück-
liches Bewusstsein. Der religiöse Mensch ist sich nämlich nicht bewusst,
»dass sein Bewusstsein von Gott das Selbstbewusstsein seines Wesens ist,
denn der Mangel dieses Bewusstseins begründet eben die differentia
specifica der Religion«.[117]

Karl Marx (1818-1883) war der Auffassung, dass die Religionskritik
mit Feuerbach geleistet sei. Diese Religionskritik, so Marx zu Recht,
»endet mit der Lehre, dass der Mensch das höchste Wesen für den Menschen sei«.[118] Religion ist für Marx aber ein zweischneidiges Phänomen.
Damit geht er über den Naturalismus von Feuerbach hinaus. Einerseits
ist Religion Vertröstung und Rechtfertigung realen Elends. Sie ist aber
zugleich die einzige mögliche Artikulation dieses Elends. Beides schwingt
in Marx' ›Genitivus subjectivus‹ von der Religion als ›Opium des Volkes‹
mit. Innerhalb der marxistischen Theoriebildung, vor allem bei jüdisch
messianischen Denkern wie Walter Benjamin oder Ernst Bloch, spielte
dieser unaufgelöste Inhalt der Religion im 20. Jahrhundert eine entscheidende Rolle. Sie sicherte ihr eine Selbstkritik, die in der faschistischen
und nationalsozialistischen Rasseideologie nicht einmal annähernd eine

Entsprechung findet. Man könnte auch sagen, dass Genesis und Geltung der Religion für Marx nicht identisch sind.

In der Entwicklung des Marxismus ist Marx' Auffassung, dass die Religionskritik mit Feuerbach abgeschlossen gewesen sei, nicht unwidersprochen geblieben. Es waren gerade Motive des jüdischen Messianismus, die sich dem entgegenstellten. Walter Benjamin hat ein radikalisiertes Eschatologie- und Transzendenzdenken geradezu als die Voraussetzung einer Veränderung der Lebensverhältnisse benannt. Entscheidend ist dabei, dass Benjamin jeder revolutionären Bewegung widerspricht, insofern diese linear nach vorne, in die Zukunft gerichtet gedacht wird. Auch die Vergangenheit muss erlöst werden; und dies erfordert, dass ihrer gedacht wird. Deshalb hat Benjamin darauf hingewiesen, dass in der Vorstellung von Glück »unveräußerlich die der Erlösung mit[schwinge]«.[119] Diese dialektische Ambivalenz hat Benjamin auf die folgende Formulierung gebracht: »Mein Denken verhält sich zur Theologie wie das Löschblatt zur Tinte. Es ist ganz von ihr vollgesogen. Ginge es aber nach dem Löschblatt, so würde nichts, was geschrieben ist, übrig bleiben.«[120]

Freud und die Psychoanalyse

Die Psychoanalyse leistet einen wichtigen Beitrag zum Verhältnis von Religion und Moderne, nicht zuletzt aufgrund ihrer Rezeption in Literatur und bildenden Künsten. Sigmund Freud (1856-1939) selbst begriff seine Religionskritik zunächst als »letzten Beitrag zur Kritik der religiösen Weltanschauung«.[121] Daher deutet Freud Religion als eine ›Illusion‹. Er unterscheidet freilich Illusionen von Wahnideen. Illusionen stehen, im Unterschied zu Wahnideen, nicht im Widerspruch zur Wirklichkeit. Sie sehen jedoch von der Wirklichkeit ab. Dem göttlichen Subjekt, von dem die Wunscherfüllung erwartet wird, liegt nach psychoanalytischer Lesart das Vaterbild des Kindes zugrunde. Religion ist also eine Verlängerung der Kindheit in das Adoleszenzalter.

In der Abhandlung ›Zwangshandlungen und Religionsübungen‹ (1907) hat Freud darauf hingewiesen, dass religiöse Übungen, Riten und Zeremonien auf ein Schuldbewusstsein hinweisen würden, das in Analogie zu dem Verhalten des Neurotikers stehe. Zunächst kann der Eindruck entstehen, als sehe Freud Religion durch eine Dominanz des Lustprinzips vor dem Realitätsprinzip charakterisiert. Die sehr viel differenziertere Auseinandersetzung des späten Freud mit den Ursprüngen der jüdischen Religion in den einschlägigen Schriften ›Totem und Tabu‹ und ›Der Mann Moses und die monotheistische Religion‹ weist jedoch in eine tiefere Problemschicht. Freud macht als ursprüngliche Schicht der Religion den Totemismus aus, wobei er das sakrosankte, ja verehrte Totemtier als Ersatz für den getöteten Vater begreift. Der beleidigte Vater werde »durch den nachträglichen Gehorsam« versöhnt.[122] Da sich auch ein Zusammenhang zwischen dem Totemismus und dem Inzestverbot nachweisen lässt, versucht Freud Religion in ihrer Analogie zur ödipalen Struktur zu erklären. Religionen zeigen jene neurotischen Symptome an, die auch von Einzelpersonen vertraut sind.

Dabei weisen Religionen in ihren sich wiederholenden rituellen Mustern die Struktur einer »Wiederkehr des Verdrängten« auf. Von der Totemmahlzeit bis zur christlichen Eucharistie wiederhole sich, dass »dem Vater die Genugtuung für die an ihm verübte Schmach in derselben Handlung« geboten werden solle, »welche die Erinnerung an diese Untat fortsetzt«.[123]

Die historische Grundlage des Freudschen Ansatzes und seine Quelleninterpretationen können zu Recht bestritten werden. Projektionen und mangelhafte Quellenkritik sind unschwer nachzuweisen. Dennoch spielt die Freudsche Einsicht einer Mimesis und Reproduktion von Schuldmechanismen bis heute in der Religionstheorie eine entscheidende Rolle. Es ist vor allem René Girard (*1923), der darauf hinweist, dass viele Mythen vom Motiv des vertriebenen oder getöteten Sündenbocks bestimmt sind, der später verehrt und erhöht wird.[124] Girard zufolge wird der Mechanismus der Schuldübertragung in der Hebräischen Bibel (vor allem im Buch Hiob und bei den Propheten) sichtbar gemacht. Das Christentum führe ihn ad absurdum, indem es ihn mimetisch nachbilde.

Religionen, bzw. die ihnen zugrundeliegenden Mythen, bedeuten also Mimesis eines vergessenen, aber durch Vererbung fortwirkenden Traumas. Es ist deutlich, dass Religion damit im Sinne Freuds gerade nicht zur Versöhnung führen kann. Dies ist vielmehr aus der Klarheit der Analyse zu erwarten.

Dass Freuds psychoanalytische Auffassung von Religion nicht zu einer vergleichenden Religionstheorie geeignet ist, ist offensichtlich. Wie die meisten religionskritischen Ansätze meint auch er, den universalen Schlüssel zur Religion zu haben, obwohl es tatsächlich fast unmöglich sein dürfte, seine Deutung an nicht- monotheistischen Religionen zu verifizieren. Freud lässt sich allerdings, im Unterschied zu vielen philosophischen Religionstheorien, auf den *Inhalt* von Religion ein. Dieser ist für ihn aber nicht eigenständig, sondern eine Projektion und Spiegelung.

Falk Wagner hat darauf hingewiesen, dass der Religion bei Freud die entscheidende systematische Bedeutung zukommt, »die Kluft zwischen Onto- und Phylogenese, zwischen Individual- und Massenpsyche« zu überbrücken.[125] In diesem Feld lassen sich also am deutlichsten erste Konturen des ›kollektiven Unbewussten‹ auffinden, wie sie später C. G. Jung (1875-1961) in seiner Archetypenlehre ins Zentrum stellt.

C. G. Jungs Tiefenpsychologie beruht auf der Voraussetzung, dass die in der Psyche entstehenden Symbole mythischen und religiösen Symbolen der Menschheit entsprechen. Jung zieht daraus die Schlussfolgerung, dass das ›kollektive Unbewusste‹ auf eine objektive Realität verweist. Von hier her konnte er die zentrale Bedeutung, die dem Ödipus-Komplex bei Freud zukommt, relativieren. Religion ist für Jung nicht Projektion, sondern bildhafter Schlüssel zur Seele. Dagegen ist zu Recht kritisch eingewandt worden, dass Jung über ein in sich kreisendes, wechselweises Vergleichen von Symbolen nicht hinauskomme. Dies gilt aber in ähnlicher Weise auch für semiotische oder zeichentheoretische Überlegungen zur Religion.

In der Folge von Freud und in Aufnahme der Theoriebildungen des Marxismus, aber auch in Verbindung mit dem Symbolbegriff von Paul Tillich hat Klaus Heinrich (*1927) im Laufe von Jahrzehnten eine ›Religionswissenschaft auf religionsphilosophischer Grundlage‹ entwickelt, die zu den anspruchsvollsten religionstheoretischen Konzeptionen gehört und in der Freuds Thesen produktiv weiterentwickelt werden. Heinrich ist noch immer ein »heimlicher Klassiker«. Sein Ansatz tritt vor allem hervor, wenn er Moderne und mythische antike Stoffe, wie das Ödipus- oder Herakles-Motiv miteinander konfrontiert. Heinrich versucht, die Begründungen und Genealogien religiöser und mythischer Stoffe und ihrer Formgebungen lesbar zu machen. Dabei ist er vor allem an ›Aufklärung‹ und Anamnese des Verdrängten in der Religionsgeschichte interessiert. Insofern ist sein Ansatz auch gegen ahistorische Konzeptionen von Religion gerichtet: Sei es eine am Kairos der Erfahrung des Numinosen haftende Religionsphänomenologie, sei es der Strukturalismus des Ethnologen Claude Lévi-Strauss.

Heinrichs Augenmek gilt der Urgeschichte des europäischen Verhältnisses von griechischer Götterwelt und philosophischem Logos. Er konstatiert ein Korrespondenzverhältnis zwischen wissenschaftlichem Gesichtspunkt und der Religion – dass beide voneinander zehren, wird in wechselseitigen Übersetzungs- und Differenzverhältnissen sichtbar gemacht. So lässt sich etwa an der Semantik des griechischen Mythos die Verengung erkennen, die Freuds Theorie vom Ödipus-Komplex eingeschrieben ist.

Die Rezeption des Werkes von Klaus Heinrich ist dadurch erschwert worden, dass er den großen Konstruktionen eines allgemeinen Religionsbegriffs misstraut und mikrologisch, ohne eine Metatheorie zu entwerfen, das Material entschlüsselt. Gerade dies macht das Proprium seines Ansatzes aus. Er verbindet das Reflexionsniveau des späten 20. Jahrhunderts mit philologischer Sorgfalt, die die Quellen genau, aber auch gegen den Strich liest. Die systematischen Konsequenzen aus Heinrichs Forschungen bleiben allerdings erst zu ziehen.

Heinrich zeigt, wie Religion ein semantisches Arsenal eröffnet, das in säkularen Kulturen wiederholt und variiert wird. Damit ist seine tiefenanalytische Religionsphilosophie in der Lage, die kulturwissenschaftliche Verflachung des Religionsbegriffs, von der eingangs die Rede war, zu korrigieren. Moderne Kunst, Politik, Ideologie werden von Heinrich auf ihre Entsprechungen mit Strukturen der Religion befragt. Der religionsphilosophische Blick von Heinrich erfasst Werke der bildenden Kunst, der Musik und der Weltliteratur bis weit in die Moderne hinein gleichermaßen als Sujets der Religionswissenschaft. Im Gegensatz zum Mainstream, der Religionswissenschaft als bloße Kulturwissenschaft begreift, zeigt Heinrich, dass philosophische, gesellschaftliche, auch ökonomische Verhältnisse ohne den Schlüssel der Religion nicht zu verstehen sind. Die Engführung ist schon darin gewahrt, dass Heinrich seine Forschungen vielfach im Zusammenhang mit spezifischen Situationen der deutschen Nachkriegsgeschichte angestellt hat – etwa im Kontext der Studentenbewegung und der Diskussionen um die Freie Universität Berlin in den sechziger und siebziger Jahren. In seinen ›anamnetischen‹ Vorworten zu den Buchausgaben, zu denen es oft erst nach Jahrzehnten kam, legt sich Heinrich über diese Zusammenhänge Rechenschaft ab.

Theologische Resonanzen auf die Religionskritik: Säkularisation

Hans Blumenberg (1920-1995) hat in seinen eindringlichen Studien der Theorie einer Säkularisierung widersprochen und sie problematisiert. Er war der Auffassung, dass sich keineswegs von einer Umbesetzung religiöser auf säkulare Begriffe sprechen lasse. Die Neuzeit habe eine Legitimität aus eigenen Gründen, sie habe eine eigene Denkform ausgebildet, vor allem dadurch, dass sie die forschende Neugierde, die curiositas, rehabilitierte.[126]

Blumenberg kann dabei kritisch an den von Carl Schmitt formulierten Gedanken anschließen, dass sich das Zentralgebiet der Kultur auf dem Weg der Neuzeit von der Religion auf Metaphysik, Ethik, Politik und schließlich auf die Wirtschaft verlagert habe. Dies reicht aber nicht aus, um Umbesetzungen zu diagnostizieren. Blumenberg erkennt vielmehr umgekehrt, dass viele Probleme und Fragestellungen, die im mittelalterlichen theomorphen Denken schon eingekreist wurden, darin keine Antwort finden konnten. Unbewältigt blieb im Christentum und seiner eigenen Deutungsgeschichte bis an die Schwelle zur frühen Neuzeit nach Blumenbergs Auffassung die Herausforderung der Gnosis. Die Einheit von Schöpfer- und Erlösergott versteht sich keineswegs von selbst. Erst immanente Welterklärungen konnten, nach Blumenbergs Auffassung, die gnostische Gefährdung bannen. Deshalb bestreitet Blumenberg einen kontinuierlichen Übergang zwischen religiösen und nicht-religiösen Deutungsformen und damit die Gängigkeit des Begriffes der ›Säkularisierung‹ selbst, die u.a. durch Karl Löwith zu einem gängigen Topos geworden war: die Fortschrittsgeschichten und die Utopien der Neuzeit seien, so meinte man, Säkularisierungen der Heilsgeschichte.

Es ist auffällig, dass Blumenberg von diametral entgegengesetzten Voraussetzungen her der Diagnose von Säkularisierungstheoretikern des protestantischen Aufbruchs im 20. Jahrhundert zustimmt: Hier wie dort wird der Rückzug der christlichen Religion und Theologie aus der Welt stärker betont als die Kontinuität zwischen beiden.

Die Zurückweisung eines eigenen Rechtes und einer eigenen Sphäre von Religion in der dialektischen Theologie war Reaktion auf die Kultur-Religions-Synthese, die man im Licht des Ersten Weltkriegs als fehlgeschlagen begriff. Von hier her dekretierte Karl Barth, Gott sei in die Welt gekommen und nicht in die Religion. In einer bemerkenswerten Verbindung mit Nietzsche wird die neuzeitliche Welt als eine Welt des Gottes-Rückzugs begriffen. Religionskritik ist die Voraussetzung dafür, unmittelbar vom Offenbarungszeugnis ergriffen zu werden.

Als genuin christlich wird in der Folge Kierkegaards die Entmächtigung Gottes gegenüber der Welt begriffen. Säkularisierung der Welt, die die Welt Welt, Gott Gott sein lässt, ist daher eine notwendige Folge; was Kritik an dem Transzendenz bestreitenden Säkularismus der modernen Welt zulässt.

Man kann hier auch daran denken, dass Monotheismus gegenüber den Polytheismen eine Form von Entgöttlichung der Welt und damit von Atheismus bedeutet.

Dieser Gedanke fand bei Dietrich Bonhoeffer seine wohl eindrucksvollste Form, weil er nicht nur gedacht, sondern in konsequenter Nachfolge zwischen ›Widerstand und Ergebung‹, bis hin zu der aktiven Rolle
in der Vorbereitung des Widerstandes gegen Hitler, gelebt wurde. Bon-
hoeffers berühmte Formel lautet: Vor Gott leben, als ob es keinen Gott
gebe: »Et si Deus non daretur«. Diese Haltung wird mit einem »religi-
onslosen Christentum« gleichgesetzt. Das gewichtigste Argument gegen
diese Auffassung ist, dass sie das Gespräch zwischen dem Christentum
und den anderen Weltreligionen abschneidet.

Bis in das Zentrum der christlichen Theologie des 20. Jahrhunderts
hinein: Karl Barth (1886-1986), Dietrich Bonhoeffer (1906-1945) wird
also die Auffassung vertreten, dass die Säkularisation eine Konsequenz
aus dem Christentum sei. Der religiöse Übermut müsse verschwinden,
um des Hörens des Wortes der Offenbarung willen.

Friedrich Gogarten (1887-1967), der Barth ursprünglich nahestand,
hat eine differenziertere Position formuliert. Auch er erkennt in der
Säkularisierung einen Wesenszug der modernen Welt. Dies führt bei
Gogarten aber zu einer Bejahung der Säkularisierung. Das Christentum,
das auf die Entäußerung Gottes in die Welt begründet ist, findet gleichsam in dem säkularen, einer transzendenten Sinngebung nicht zugänglichen modernen Weltverhältnis seine Bestätigung. In der säkularen Welt
muss das Subjekt aushalten, »dass die Welt ›nur‹ Welt ist«.[127] Die Frage
nach dem Seienden im Ganzen ist gestellt, doch über die Frage kann man
nicht hinauszukommen versuchen, so dass ein »fragendes Nichtwis-
sen«[128] bleibt. Von der Säkularisation unterscheidet Gogarten aber scharf
den Säkularismus, eine Apotheose der Endlichkeit, die zu ideologischen
und innerweltlichen Formen der Pseudoreligion führen werde. Rasse
oder Klasse werden darin zu Heilskategorien erklärt, der Fortschritt tritt
an die Stelle der Heilsgeschichte.

Bei aller Bedeutung, die dieser radikale, letztlich anti-moderne theologische Aufbruch im Zenit der Moderne hat, so eignet ihm doch ein
großes Defizit: nämlich, dass eine Innenperspektive eingenommen wird,
die zu keiner Außenperspektive mehr zu vermitteln ist.

Friedrich Nietzsche

Friedrich Nietzsches (1844-1900) Rede vom Tod Gottes und vom Anti-
Christ unterscheidet sich deutlich von jeder Religionskritik, die von un-
gebrochen positivistischen Prämissen ausgeht. Nietzsche legt die dia-

gnostische Rede vom Tod Gottes dem ›tollen Menschen‹ in den Mund. Der Tod Gottes ist nach Nietzsche Ergebnis einer saturierten, utilitär und damit gott- und geistlos gewordenen Welt. Nietzsche beschreibt den ›Tod Gottes‹ zudem als einen Gottesmord, verübt von Menschen einer späten Zivilisation, die ihrer Tat nicht gewachsen sind.[129] Bemerkenswert ist auch, dass diese Menschen – Nietzsche nennt sie die blinzelnden letzten Menschen, die Herde, die einem mittleren Glück nachhängt – von der Tragweite ihrer Tat noch nicht erreicht wurden. Das Requiem, das der letzte Mensch auf Gott anstimmt, mündet in die Frage: »Was sind denn diese Kirchen noch, wenn sie nicht die Grüfte und Grabmäler Gottes sind?«[130] Nietzsche hat festgehalten, dass die Schatten Gottes lang sind; in Grammatik und Moral hat er sein Nachleben. Er fügte hinzu, dass nun, da alle Götter tot seien, der Übermensch leben solle.

Im späteren, vierten Teil seines ›Zarathustra‹ schränkte Nietzsche dies wieder ein. Er sprach davon, dass der Tod bei Göttern immer ein Vorurteil sei. Dass das Potenzial von Religion nicht in den bürgerlichen, liberalen oder sozialistischen Beglückungsideen einer späten Zivilisation erschöpft ist, hat Nietzsche damit subtil deutlich gemacht. Dies unterscheidet ihn fundamental von Marx oder Feuerbach. Deshalb spricht er, der sich eindeutiger Festlegung und des Philosophierens im eigenen Namen immer entzieht, nicht vom Tod, sondern von den ›Häutungen‹, vor allem des moralischen Gottes.

Gemäß seiner eigenen Lehre von der ewigen Wiederkehr muss Nietzsche auch einer Wiederkehr der Religion ins Auge sehen. Bemerkenswert ist freilich die radikale, ein lebenslanges Ringen abrupt abschließende Christentums-Kritik in der Schrift ›Der Antichrist‹. Nietzsche begreift sie als eine Verfluchung und Verurteilung des Christentums. Vor Augen hat er dabei das dogmatisierte und später kirchlich institutionalisierte Christentum, als dessen Begründer er Paulus identifiziert. Paulus hat in Nietzsches Augen die urchristlichen Impulse und Predigt und Praktik Jesu in ihr Gegenteil verkehrt. Dagegen stellt Nietzsche die ursprüngliche Lebens- und Liebespraktik Jesu von Nazareth. Sie ist diesseitig – und endet mit dem Tod Jesu folgenlos. Es gab nur einen Christen – und der starb am Kreuz, hat Nietzsche in einer seiner aphoristischen Zuspitzungen geschrieben. »Man sieht, was mit dem Tode am Kreuz zu Ende war: ein neuer, ein durchaus ursprünglicher Ansatz zu einer buddhistischen Friedensbewegung, zu einem thatsächlichen, *nicht* bloß verheißenen *Glück auf Erden*« (KSA 6, S. 215). In dieser Akzentuierung Jesu berührt sich Nietzsche, ohne ihn zu kennen, und obwohl er der vielleicht radikalste Christentums-Kritiker der Moderne war, mit dem ›christlichen Schriftsteller‹ Kierkegaard. Die ursprüngliche Predigt Jesu sei keine Décadence-Religion. Sie verbindet sich deshalb für Nietzsche mit der befriedenden Kraft des Buddhismus im Zeichen der Annahme des Schicksals: ›amor fati‹.

Merksatz

- Feuerbach charakterisiert Religion als Projektion, in dem sich das entfremdete Verhältnis des Menschen zu sich selbst als Gattungswesen manifestiert.
- Freud entschlüsselt Religion als Illusion und als ›ödipales Verhältnis‹.
- Die Religionstheorien der Moderne stellen aber die Frage, ob Religion bruchlos säkular erklärbar ist.
- Symptomatisch für die Reflexion dieses Verhältnisses ist Nietzsches Metapher vom ›Tod Gottes‹. Nietzsche proklamiert diesen Tod nicht. Er sieht ihn als Folge der Selbstreduktion des Menschen und fragt, ob bei Göttern nicht der Tod immer ein Vorurteil sei.

Das große Paradoxon: Von Kierkegaard bis Derrida

Kierkegaard

Der Däne Sören Kierkegaard (1813-1855) verstand sich nicht als Religionstheoretiker, auch nicht als Religionsphilosoph oder als Theologe, sondern als christlicher Schriftsteller. Die Selbsterfahrung angesichts der ursprünglichen christlichen Botschaft (des Kerygmas) hat Kierkegaard kunstvoll in einer Reihe von Pseudonymen verhüllt dargelegt. Die existenzielle Betroffenheit geht bei Kierkegaard auch auf das Motiv zurück, dass er sich zeitlebens als Büßender versteht, der eine ererbte Schuld seines Vaters abzutragen versucht.

Kierkegaard hat deshalb das Selbstverhältnis als eine Synthesis von Endlichem und Unendlichem, Notwendigkeit und Möglichkeit begriffen, das unabdingbar zur Religion führe. Indem der Mensch sich zu dieser Synthesis verhält, zeigt sich, dass er die eine Seite nur wollen kann, indem er zugleich der anderen zu entkommen versucht. Die verschiedenen Lebensstadien, die Antworten auf diese Aporie sind, erweisen sich damit als Formen der Verzweiflung. Zu einem unmittelbaren Lebens- und Selbstverhältnis kann es nach Kierkegaard gerade nicht kommen. Zwischen den verschiedenen ›Stadien‹ des Selbstverhältnisses: jenem der experimentierenden, auf Festlegung verzichtenden *ästhetischen Existenz* und dem gegenläufigen Versuch, ein allgemeines *ethisches Leben* zu führen, gibt es also keine Übergänge und keine Vermittlung. Diese Einheit ist nur durch den ›Sprung‹ in den Glauben zu finden.

Kierkegaard hat dadurch Moderne, Selbsterfahrung und christlichen Weltbezug in einen Zusammenhang gebracht. Die Vermittlung von Glauben und Vernunft, die Hegel mit den Mitteln der spekulativen Dialektik noch einmal unternehmen wollte, hat für Kierkegaard jede Überzeugungskraft verloren.

Das Christentum ist nach Kierkegaard »das absolute Paradox«.[131] Mit den Mitteln der Vernunft lässt sich schlechterdings nicht verstehen, dass Gott Mensch geworden ist. Gegen jeden Versuch, dies metaphysisch zu begreifen, vor allem gegen den Hegelschen, ruft Kierkegaard damit das

Charakteristikum des Christentums in Erinnerung, dass es zuerst Ärgernis und Torheit ist (skandalon und moria).[132] Jesus ist im Sinne dieses Paradoxons für Kierkegaard der Antitypus zu Sokrates. Denn während in der Philosophie die Objektivation der Mitteilung den Lehrer für die Lehre weitgehend irrelevant werden lässt, ist sie im christlichen Glauben von ihm abhängig. Im Augenblick der Mitteilung ist die paradoxale christliche Mitteilung für den, der sie vernimmt, ebenso wahr und wirklich wie für die ersten Jünger.

Die geschichtliche Genese und die Metamorphosen des Christentums sind für Kierkegaard also in keiner Weise von Belang. Eher steht er selbst in dem religiösen, glaubenden Verhältnis der Nachfolge: Sein Denken ist Artikulation religiösen Selbstempfindens. Es reflektiert und vollzieht in eins das Totalexperiment des Glaubens.

Merksatz

Die Moderne im Hintergrund, entdeckt Kierkegaard das – christliche – Selbstverständnis als ›Skandalon und Moria‹ (Ärgernis und Torheit) wieder.
- **Die Wiederentdeckung der Andersheit von Religion, – gegenüber dem ›Projekt der Vernunft‹ – die von Kierkegaard inspiriert wird, gehört ins Zentrum der Moderne.**

Wittgenstein und das Eigenrecht religiöser Sprachspiele

Im Verlauf der Moderne, namentlich im 20. Jahrhundert, lässt sich von verschiedenen Denkschulen und -richtungen her die Tendenz beobachten, die Eigenständigkeit der Religion vermehrt wieder zu berücksichtigen. Im Zusammenhang der sprachphilosophischen Wende der Philosophie (linguistic turn), die maßgeblich auf Ludwig Wittgenstein (1889-1951) zurückgeht, finden zunächst unterschiedliche Sprachspiele und die ihnen zugeordneten Lebensformen verstärkte Berücksichtigung. Wittgenstein hat in der zweiten Phase seines Denkens darauf hingewiesen, dass sprachliche Äußerungen niemals isoliert betrachtet werden dürften, sondern Teil eines umfassenden Handlungszusammenhangs seien. »Die Bedeutung eines Wortes ist sein Gebrauch in der Sprache«.[133] Sprachspiele und Lebensformen sind also zunächst als autonom zu begreifen und nicht an anderen Sprachspielen zu messen.

Nur wenn man diese – zumindest relative – Autonomie missachtet und religiöse Aussagen nach dem Maßstab exakter Wissenschaften beurteilt, wird man gegen die Religion den Verdacht der Unsinnigkeit oder einer wissenschaftlich kritisierbaren Weltauffassung aussprechen können.

Deshalb wird in der auf Wittgenstein zurückgehenden Linie der (sprach-) analytischen Philosophie festgehalten, »dass viele Äußerungen, die wie Aussagen oder Feststellungen aussehen, eigentlich gar nicht oder nur zum Teil Informationen über Tatsachen vermitteln sollen«.[134] Sie bewirken vielmehr, was ohne sie gar nicht möglich wäre: sie sind also »Weisen, wie man mit Worten handelt«. Im Hintergrund steht die Einsicht Wittgensteins, dass die Sache der Religion nicht Teil der tatsächlichen Welt als dessen, »was der Fall ist«, sein kann. Wittgenstein hat deshalb gelegentlich Religion – und auf einer Ebene mit ihr Ethik, Ästhetik und Mystik – als Versuch gedeutet, über die Grenzen klar definierter Sprache hinauszugelangen. »Es drängte mich, gegen die Grenzen der Sprache anzurennen, und dies ist, glaube ich, der Trieb aller Menschen, die je versucht haben, über Ethik oder Religion zu schreiben oder zu reden«.[135]

Analytische Religionsphilosophie heute: Themen, Tendenzen, Autoren

Wo die sprachanalytische Religionsphilosophie Wittgenstein folgt, ist im Sinne von dessen Spätwerk die versuchs- und probeweise Ermittlung der Übergänge zwischen den beiden Bereichen von Interesse. Wesentlich ist dabei auch die Einsicht, dass Religionen nicht wie wissenschaftliche Theorien über Welt zu verstehen sind. Eher werden sie nach der Art von Weltanschauungen begriffen, bei denen kognitive und lebenspraktische Dimensionen zu unterscheiden sind.

Daneben aber findet sich in jüngerer Zeit ausgehend von Platinga (*1932) und Swinburne (*1934) auch eine zweite Linie, die nicht an Wittgenstein orientiert ist. Hier geht es vielmehr um die Rückkehr zu realistischen Positionen, die im Rahmen theoretischer Philosophie die Wahrheit der Aussagen über Gott zu prüfen suchen. Den Bezugsrahmen gibt eher Thomas von Aquin ab als Hume oder Kant. Dies muss nicht verwundern: hatte Hume doch behauptet, dass die Ausdehnung des Gehaltes von Prädikaten wie ›mächtig‹, ›wissend‹ oder ›gütig‹ ins Unendliche (durch Zusatz des Allquantors in Prädikaten wie ›all-mächtig‹ etc.), wie sie vorgenommen wird, wenn solche Prädikationen auf Gott bezogen werden, den Sinn der Prädikationen selbst aufhebt. Die neueren, ›realistischen‹ Religionsphilosophen versuchen demgegenüber die tradierte, objektive Gottesrede rational plausibel zu machen. Dabei bedienen sie sich in erster Linie aposteriorischer Gottesbeweise, die mit Wahrscheinlichkeitsargumenten gestützt werden sollen. Da die Ordnung der Welt sehr unwahrscheinlich ist, Gott aufgrund der ihm zugeschriebenen Eigenschaften aber gute Gründe haben würde, eine geordnete, rationale Welt zu erschaffen, spricht die Ordnung der Welt a posteriori für die Existenz Gottes. Auch die Theodizee-Frage ist in der analytischen Religionsphilosophie wieder aufgenommen worden. Da sich die Debatte um das Theodizeeproblem seit dem Erdbeben von Lissabon im Jahr 1755 zunehmend auf die Verursachung von schrecklichen Ereignissen in der Weltgeschichte verlagert hat, ist dabei die Frage nach dem Zusammenhang von Freiheit und bösem Willen von entscheidender Bedeutung.

Zu Recht ist eingewandt worden, dass jene analytische Religionsphilosophie das Phänomen von Religion überhaupt nicht erreicht, sondern vielmehr Fragen der alten Metaphysik wieder aufnimmt.

Wenn Religion ein Verhältnis zum Unverfügbaren ist, so ist die neuere analytische Religionsphilosophie daran gar nicht interessiert. So leistet die analytische Theodizee-Problematik in der Sache nichts anderes als die Wiederholung des Leibnizischen ›calculus universalis‹, demzufolge diese Welt bei allem Übel die beste aller möglichen Welten sei, da Gott die möglichen Übel mit ihren kontingenten Folgen in die allumfassende Weltkalkulation aufgenommen hat. Die tiefen lebenspraktischen und existenziellen Probleme, die die Theodizee-Frage schon zur Zeit von Leibniz aufgeworfen hat, bleiben dabei unberücksichtigt.

Nichtsdestoweniger ist die analytische Religionsphilosophie, gerade dort, wo sie sich zu Wittgensteins Analyse der Sprachspiele zurückwendet, in hohem Grade dazu geeignet, eine unterscheidende Kritik zwischen Religion und Ideologie, vor der Rationalität zu rechtfertigenden und sich einer solchen Rechtfertigung entziehenden Glaubensweisen zu leisten.

Eine der bedeutendsten Anknüpfungen an eine religionsphilosophische Fragestellung von Seiten der analytischen Philosophie verdankt sich Stanley Cavell (*1926), dessen große philosophische Bedeutung erst in den letzten Jahren außerhalb des angelsächsischen Sprach- und Kulturraums bewusst wird. Cavell ging von einer Radikalisierung der Sinnkritik aus, die die Voraussetzungen des Pragmatismus (Dewey und James) und daher auch die alltäglichen Konventionen eines liberalen aufgeklärten Gemeinwesens in Frage stellte. Dabei geht Cavell von der Fraglichkeit menschlicher Existenz aus. Existenz verständigt sich zumeist nicht über Begründungen. Sie bleibt zumeist unthematisch. Um so mehr ist es erforderlich, sinnkritisch den Grund zu betrachten, auf dem wir stehen und auf dem sich unsere Begriffsbildung abspielt. Begriff und Erkenntnis sind für Cavell erst Ergebnisse einer tieferen Einsicht, die der kritischen Infragestellung standhalten. So fragt Cavell, mit Thoreau oder Emerson, auf welchem Fundament alltägliches Leben stattfindet und worin der Sinn dessen liegt, das gemeinhin als »the common, the familiar, the low« bezeichnet werden kann.

Aus analytisch philosophischer Sicht entwickelt Cavell von hier her eine Theorie von Text und Lesen, die den Leseakt als eine Anverwandlung des Lesenden an den autoritativen Text begreift, diesen ›text of genius‹ aber so auffasst, dass er jene eigene Transformation ihrerseits zurückspiegelt. Cavell hat damit die Kategorie der Heiligen Schrift expliziert. Heilige Schriften sind ihm zufolge dadurch ausgezeichnet, dass sie die Lesenden dazu motivieren, ihre eigene Unvollkommenheit zu erkennen. Die Gegenwart solcher Texte eröffnet die Gegenwart der Lesenden. Heilige Texte beweisen ihre besondere Qualität gerade durch den Abstand, in den sie versetzen.

Sprachphilosophisch artikuliert Cavell das alte Verhältnis von Glauben und Vernunft. Es geht ihm um Sprechakte, die in die Spannung von Verkündigen und Erklären führen. Heilige Schriften sind für Cavell ›perfektionistische Texte‹, denen »answerbility«, die Erfahrung des Antwortenden eingeschrieben ist.

Religion und Sprache: Rosenzweig, Buber, Ferdinand Ebner

Völlig unabhängig von Wittgenstein ist von den jüdischen Denkern Martin Buber (1878-1965) und Franz Rosenzweig (1886-1929), und auf christlicher Seite von Ferdinand Ebner (1882-1932) die religiöse Sprachform untersucht und grammatikalisch beschrieben worden. Sie ist durch Gebet und Gebot ausgezeichnet und folgt der dialogischen Grammatik des Ich-Du, nicht der konstatierenden Struktur von Subjekt-Objekt, dem die Grammatik der indoeuropäischen Sprachen gemeinhin gehorcht. Rosenzweig hat deshalb hervorgehoben, dass Gebot und Gebet »nicht den Kreis des Ich und Du« verlassen.[136] Die Differenz zwischen Ich-Du und Ich-Es kann zwar niemals vollständig und ausschließend sein, denn, so Buber, »das Ich ist zwiefältig nach dem Grundwort Ich-Du und Ich-Es«, wobei das Grundwort Ich-Du mit dem ganzen Wesen ausgesprochen werden müsse, das Ich-Es hingegen immer ein objektiviertes, distanziertes Verhältnis bezeichne.[137] Auch andere religiöse Grundvollzüge, wie das Sündenbekenntnis, das Zusprechen von

Vergebung und Versöhnung, aber auch der Fluch folgen dieser gleichen dialogischen Struktur.

Dieses dialogische Moment hat im 20. Jahrhundert niemand so deutlich und radikal herausgearbeitet wie Emmanuel Lévinas, der auf das aller Sprache vorausgehende originäre Gebot durch die Konfrontation mit dem ›Antlitz des Anderen‹ hinweist.

Phänomenologie der Religion und Dekonstruktivismus

Besonders eindrücklich hat die von Edmund Husserl (1859-1938) begründete phänomenologische Philosophie die Religion zu ihrem Gegenstand gemacht. Obwohl Husserl selbst keine Religionsphilosophie entwickelt, ist die Korrelation von Noesis und Noema, einem Denk- und Vorstellungsakt einerseits und dem darin Vorgestellten andererseits ein entscheidender Ansatzpunkt, um die Eigenständigkeit des Phänomens Religion zu begreifen. Husserl formulierte den Grundsatz: »Jeder Region und Kategorie prätendierter Gegenstände entspricht phänomenologisch ...eine Grundart von originär gebendem Bewusstsein... und ihr zugehörig ein Grundtypus originärer Evidenz«.[138]

Die Phänomenologie hat durch Husserls Umlenkung phänomenologischen Fragens allein auf das *Wie* des Gegebenseins eines jeden Phänomens und die Ausschaltung seiner Geltung der Frage nach der Religion neuen Rückenwind gegeben. Dies geschah bezeichnenderweise auf dem Boden der strengen Rationalität. Legt doch die Phänomenologie den Maßstab strenger Voraussetzungslosigkeit an alle Phänomene an, und damit auch an jene der Religion. Die Anhänger der phänomenologischen Schule empfanden dies als eine Blickbefreiung.[139] Eine Schwäche im Verhältnis zwischen Religion und Vernunft kann dabei nicht übersehen werden: es kommt nicht zu einer Selbstreflexion der Vernunft im Zusammenhang der philosophischen Interpretation der Religion, so wie dies für die maßgeblichen europäischen Ansätze der Religionsphilosophie gilt.

Umgekehrt aber verdanken sich der phänomenologischen Zugangsweise Versuche, das Phänomen der Religion als Wahrheit vorauszusetzen und radikal phänomenologisch zur Erscheinung zu bringen. Dies zeigt sich, neben dem Lebenswerk von Edith Stein (1891-1942), jüngst in dem radikal-phänomenologischen Ansatz von Michel Henry (1922-2002). Henry geht in seinen beiden einschlägigen Werken[140] von der Grundaussage des Johannes-Evangeliums aus: »Das Wort ward Fleisch«. (ET IN-

CARNATUS EST): Die Inkarnation wirft die Frage nach der Einheit von Wort und Fleisch, Logos und Verleiblichung auf, die in Christus verwirklicht ist. Henry fragt, wie das Fleisch beschaffen sein muss, um Offenbarung sein zu können, und was Offenbarung sein muss, wenn sie sich als Fleisch vollzieht. Er gibt damit auch der Phänomenologie eine neue Wendung und führt sie von der Selbstkonstitution des phänomenologischen Bewusstsein in eine ursprüngliche Affektivität und Passivität des Lebens zurück. Weiterhin ist die ›bildliche Gegebenheit‹ des unsichtbaren Lebens von entscheidender Bedeutung.

Phänomenologie und Religionswissenschaften gingen im ersten Drittel des 20. Jahrhunderts eine Reihe fruchtbarer Verbindungen ein. Hervorzuheben ist Rudolf Otto (1869-1937), der das Heilige (das Numen) als originäre und reine Gegebenheit des religiösen Phänomens begriff. Er charakterisierte das Numen (etymologisch von ›nutum‹: Gebot und Wink) als zugleich furchteinflößend und anziehend: ›mysterium tremendum et fascinans‹. Angezogen- und Abgestoßensein seien im religiösen Bewusstsein unlöslich miteinander verknüpft. Otto arbeitet heraus, dass der religiöse Akt zwar die Einheit des Endlichen und Absoluten in den Blick nimmt, zugleich aber sich in Entgegensetzungen und Entzweiungen bewegt: Zwischen Begreifen und Unbegreiflichkeit, Benennung und Verstummen, denn »als das ›ganz andere‹ entzieht es [sc. das Heilige] sich aller Sagbarkeit«.[141] Die Arbeiten von Friedrich Heiler (1892-1967) haben dies weiter exemplifiziert: Heiler liest dem Gebet eine innergöttliche Polarität ab, denn Gott ist einerseits ›Deus revelatus‹, andererseits ›Deus absconditus‹.

Große Bedeutung kommt in der Entwicklung der Religionsphänomenologie dem Werk Max Schelers (1874-1928) zu. Scheler geht vom religiösen Akt aus. Im religiösen Akt liege eine Transzendenzbewegung und Selbstüberschreitung des Subjektes angesichts des Göttlichen. Einzig der religiöse Akt wird durch seinen Gegenstand begründet. Sein Proprium besteht darin, sich auf seinen eigenen Grund zu richten. Deshalb kann Scheler schreiben: »Der Gegenstand der religiösen Akte ist zugleich die Ursache ihres Daseins«.[142] Der religiöse Akt ist daher immer dialogisch. Er formt sich in Erwartung einer Antwort, auf einen Gegenakt seines Gegenstandes. Man kann dies etwa im Gebet erkennen. In Psalm 51 (17) heißt es: »Herr, tue auf meine Lippen!«. Scheler war überdies der Auffassung, dass Religion ein unabdingbarer Bestandteil des menschlichen Lebens sei: »Es besteht keine Wahl, ein [sc. absolutes] Gut zu haben oder nicht zu haben. Es besteht nur die Wahl, in seiner Absolutsphäre Gott, d.h. das dem religiösen Akt angemessene Gut zu haben oder einen Götzen«.[143]

Die Religionsphänomenologie begann mit einer am Augenblick der religiösen Erfahrung, der Hierophanie, orientierten Fragestellung. Die Verwandlung von Profanem in Heiliges, die ›Verklärung des Gewöhnlichen‹, wurde als das zentrale Moment von Religion begriffen. Dies zeigt sich exemplarisch im Frühwerk von Mircea Eliade (1907-1986), einem der einflussreichsten Religionswissenschaftler des 20. Jahrhunderts. Zunehmend wandte sich Eliade vom Kairos ab und der Religionsgeschichte zu, die er als »Geschichte der Ent- und Aufwertungen im Fortgang der Manifestation des Sakralen« begreift.[144] In seiner groß angelegten ›Geschichte der religiösen Ideen‹ entwickelt er im einzelnen diesen Umbesetzungsprozess, von Magie und Schamanismus bis hin zu den Hochreligionen.

> Merksatz
>
> - Sprachanalytische Philosophie und Phänomenologie (bzw. Hermeneutik) sind die beiden maßgeblichen philosophischen Strömungen des 20. Jahrhunderts.
> - In beiden Richtungen wird Religion als eigene Sprach- und Lebensform *in ihrer Gegebenheit* analysiert.
> - Dies inspiriert wiederum Religionswissenschaft und Religionsgeschichte.

Derrida, Vattimo und die Religion der Niederlage Gottes

Im Mai 1992 fand auf der Insel Capri eine freie Aussprache einer Reihe sehr renommierter Philosophen über die Frage der Religion statt. Geladen waren vorwiegend Vertreter der französischen, deutschen und italienischen Philosophie: Hermeneutiker und Dekonstruktivisten, darunter Derrida, Vattimo, Gadamer. Der eindrucksvollste Beitrag stammt von Derrida. Er misst die Spannweite und zugleich die Grenzen des Begriffs Religion aus. Wenn man von Religion spricht, so spreche man immer Latein, hat Derrida bemerkt. Darin ist die Problemanzeige formuliert, dass der Religionsbegriff Gefahr laufe, zu einer Latinisierung der unterschiedlichen Weltkulturen und damit zu einem differenz-auslöschenden imperialen Zugriff zu führen. Zugespitzt: Muss man nicht außereuropäische Weltreligionen verfehlen, sobald man sie als Religionen bezeichnet? Im Begriff der Religion sieht Derrida, gemäß der Etymologie von ›religio‹, ›gelobte Treue‹, ›Versprechen‹, ›Skrupel und Zögern‹, aber auch die Abgrenzung der sakralen von der profanen Sphäre angelegt. In der Religion fließen zwei Quellen zusammen: die Quelle des

Heilen (Geborgenen, Heiligen, Sakralen) und die Quelle des Treuhänderischen.[145]

Im Anschluss an Kant notiert Derrida den Charakterzug, den er als das innerste Paradox von Religion begreift: »Die Möglichkeit des *radikal Bösen* zerstört und stiftet zugleich das Religiöse«.[146] Diese Zweideutigkeit führt Derrida weiter auf die Zweideutigkeit des Opfers. Damit erreicht seine Religionstheorie ihren tiefsten Punkt. Derrida bemerkt, »dass das Gesetz des Heilen ihn, die schamhafte Achtung und Ehrfurcht vor dem Sakrosankten .... das Opfer *sowohl fordern als auch ausschließen*«.[147] Anders gesagt, stellt sich hier die Paradoxie einer Gewalt im Namen der Gewaltlosigkeit.

Gianni Vattimo (*1936) wendet sich in seinen Publikationen aus den letzten Jahren erneut der Religion, namentlich dem Christentum zu. Sein Nachdenken stellt sich bewusst in die Folge von Nietzsche und Heidegger. Religion, die durch den Nihilismus hindurchgegangen ist, hat, wie Vattimo, der seinem Programm nach ein ›schwaches Denken‹ favorisiert, nichts gemeinsam mit der ›Ecclesia triumphans‹. Mit Nietzsche wandte er sich zunächst von dieser Kirche ab, mit Nietzsche kommt er aber im Alter zu einer Religion im Zeichen des Todes Gottes zurück. Sie öffnet sich auf andere Weltreligionen, die nicht monotheistisch geprägt sind. Der gereinigte, entäußerte Glaube erweist sich am Ende als Liebe – und im Sinne Pascals – als Wette, »in der Hoffnung zu gewinnen, aber durchaus, ohne sich dessen sicher zu sein. Zu glauben glauben, oder auch: zu hoffen glauben«.[148]

Glaube und Vernunft am Beginn des 21. Jahrhunderts: Jürgen Habermas und Joseph Ratzinger (Papst Benedikt XVI.)

Wenige Wochen nach dem 11. September 2001 wurde der Friedenspreis des Deutschen Buchhandels an den Sozialphilosophen Jürgen Habermas (*1929) verliehen. Dass Habermas' Dankrede unter der Überschrift ›Glauben und Wissen‹ stand, konnte zunächst durchaus überraschen. Habermas galt, nicht ganz zu Unrecht, als der Philosoph des ›Projekts der Aufklärung‹ und seine ›Theorie des kommunikativen Handelns‹ (1981) als beispielhafte Ausprägung einer säkularen diskursiven Vernunft.

Mit seiner am amerikanischen Pragmatismus orientierten Konzeption hat sich Habermas weit von dem messianischen Denken der Frankfurter Schule Horkheimers und Adornos, dessen engster Mitarbeiter er zeitweise gewesen war, entfernt.

Habermas geht auch in der Friedenspreisrede davon aus, dass der liberale Staat, Ergebnis der Säkularisierung, eine pazifizierende Leistung ersten Ranges ist. Der liberalen Staats- und Gesellschaftsordnung entspricht weltanschauliche Pluralität. Im Zusammenhang damit thematisiert Habermas aber auch das Problem, dass im Zuge des Säkularisierungsprozesses die Religion »am Rande liegen« bleiben könne.[149] Habermas formuliert, an die liberale Gesellschaft gerichtet: »Die Suche nach Gründen, die auf allgemeine Akzeptabilität abzielen, würde aber nur dann nicht zu einem unfairen Ausschluss der Religion aus der Öffentlichkeit führen und die säkulare Gesellschaft nur dann nicht von wichtigen Ressourcen der Sinnstiftung abschneiden, wenn sich auch die säkulare Seite einen Sinn für die Artikulationskraft religiöser Sprache bewahrt«.[150] Wenn Habermas also einfordert, dass ein wechselseitiger Austausch, ja die Übersetzung zwischen säkularer und religiöser Sphäre erforderlich sind, so bedeutet dies, dass auch die säkularisierte Moderne des Potenzials der Religion bedarf, um überhaupt ihre eigenen Pathologien erkennen zu können. Dabei wird es im Sinne von Habermas um eine »kritische *Anverwandlung* des religiösen Gehaltes« gehen. Habermas geht dabei insbesondere auf die Kantische Konzeption einer ›Religion der Vernunft‹ zurück.[151] Prägnant formuliert Habermas das Übersetzungsproblem, das eine Distinktion voraussetzt:»Säkulare Sprachen, die das was einmal gemeint war, bloß eliminieren, hinterlassen Irritationen. Als sich Sünde in Schuld, das Vergehen gegen göttliche Gebote in den Verstoß gegen menschliche Gesetze verwandelte, ging etwas verloren.«[152] Dieser Verlust zeigt sich besonders im Bezug auf Erinnerung (Anamnesis) vergangenen Leidens und Unrechts. Habermas artikulierte in jener prominenten Rede den Respekt einer profanen, um ihre Grenzen wissenden, zugleich aber nicht-defaitistischen, also nicht vor der Kontingenz der Wirklichkeit kapitulierenden,Vernunft»vor dem Glutkern« der Religion. Diese Achtung wird die säkulare Vernunft daran hindern, mit der Religion jemals wieder in ein Konkurrenzverhältnis einzutreten, wie er das Verhältnis von Philosophie und Religion durch Jahrhunderte beeinflusst hat. Habermas bezeichnet sich selbst mit einer Bezeichnung Max Webers als ›religiös unmusikalisch‹. Er spricht also als Vertreter jener säkularen Vernunft.

Nicht zu übersehen ist aber, dass Habermas, keineswegs, auch nicht im Umriss, eine umfassende Religionstheorie hat entwickeln wollen. Sein Ansatz, der in den folgenden Jahren in einer Reihe von Arbeiten instrumentiert und erweitert wurde,[153] konzentriert sich auf drei Probleme:

1. Die in der linkshegelianischen Linie der Religionskritik über Feuerbach und Marx entwickelte Verweltlichung der Heilsversprechen der Erlösungsreligionen, die jeden religiösen Gehalt darauf prüft, ob er ins Säkulare und Profane einwandern kann, erkennt Habermas als eine Überanstrengung der Vernunft. Vernunft müsse letztlich an ihrer versuchten Selbsterlösung verzweifeln. Habermas' erneute Anknüpfung an die Thematik der Religion ist daher auch als eine Kritik an säkularen Utopien aufzufassen.

2. Habermas Reflexionen über Religion konzentrieren sich auf die sozialphilosophische Frage, ob die liberal verfasste, nach Habermas postnationale Gesellschaft nicht auf Voraussetzungen beruht, die ihrer positiven Rechtssetzung vorausgehen muss. Dies knüpft an die Aussage des späteren Verfassungsrichters Ernst-Wolfgang Böckenförde aus dem Jahr 1967 an, wonach der demokratische Staat auf Ressourcen angewiesen ist, die er selbst nicht garantieren kann. Dabei dürften Quellen der Religion eine besondere Rolle einnehmen.[154] Insofern bedeutet Habermas' Thematisierung der Religion auch das Eingeständnis, dass die kommunikative Rationalität als Verfahren allein nicht hinreichend ist. Diese Konzession dürfte aus innerphilosophischen Begründungsschwierigkeiten

seines eigenen diskurstheoretischen Ansatzes mit motiviert sein. Sie geht aber auch auf die Einsicht zurück, dass die globale Welt am Beginn des 21. Jahrhunderts weniger denn je nach dem Vernunftuniversalismus westlicher Demokratien verfasst ist. Der Vernunftuniversalismus wird sich daher zunehmend als Sonderweg erweisen. Habermas anerkennt damit auch, dass Religion nicht durch die Moderne aufgelöst worden sei. Es besteht daher in der säkularen Gesellschaft die Zumutung fort, dass die Gläubigen unter den Staatsbürgern »ihre Identität gleichsam in öffentliche und private Anteile aufspalten« müssen.[155]

3. Nicht zuletzt dürfte Habermas' neuer Blick auf Religion durch die Entschlüsselung menschlicher DNA und die neuen Möglichkeiten der Genetik motiviert sein. Habermas' Frage ist es, ob nicht »der erste Mensch, der einen anderen Menschen *nach eigenem Belieben* in seinem natürlichen Sosein festlegt, auch jene gleichen Freiheiten zerstören [müsste], die unter Ebenbürtigen bestehen, um deren Verschiedenheit zu sichern«.[156] Die nicht-kausale, unverfügbare Anthropogenese, die in religiöser Sprache als Schöpfung begriffen wird, verweist auf ein »moralisch empfindliches« Universum und im Kantischen Sinne darauf, dass der Mensch, im Kantischen Sinne, sich zugleich gegeben und aufgegeben ist, zur Freiheit befähigt und verpflichtet.

Diese präzise und eingegrenzte Form, in der Habermas von Religion spricht, zeigt, dass die stilisierte Rede von einem »katholischen Habermas«, wie sie in den Medien begegnete, unsinnig ist. Sie kam, triumphierend oder kritisch, nach jenem Diskussionsabend im Januar 2004 an der Katholischen Akademie in Bayern in München auf, an dem Habermas dem damaligen Präfekten der Glaubenskongregation Joseph Kardinal Ratzinger begegnete. Nach der Wahl von Ratzinger zum Papst ein gutes Jahr später verstärkte sich das Stilisierungspotenzial: Waren nicht säkularer Papst der Moderne und der Papst der Einen katholischen Kirche in einen Disput getreten? Unstrittig, die beiden älteren Herren scheinen Gefallen aneinander und am Denkniveau des anderen gefunden zu haben. Das Gespräch zwischen Glauben und säkularer Vernunft hatte sich, zumindest im Kontext der westlichen Welt, personifiziert. Es fällt, wenn man die 2004 gehaltenen Vorträge näher analysiert aber auf, dass sie nicht das Feld von Vernunft und Religion im allgemeinen in den Blick nehmen. Vor allem Habermas begrenzt sich auf die Frage nach den vorpolitischen Grundlagen des demokratischen Rechtsstaats. Er vertieft also sein weiter oben benanntes zweites Themenfeld. Dabei fügt er das Argument hinzu, dass »die weltanschauliche Neutralität der Staatsgewalt, die gleiche ethische Freiheiten für jeden Bürger garantiert, [...] unvereinbar

mit der politischen Verallgemeinerung einer säkularistischen Weltsicht«
sei.[157]

Habermas artikuliert auch verstärkt die Sorge, dass in der komplexen
Weltgesellschaft das soziale Band reißen könnte und führt die Frage eines
Teheraner Philosophen an, »ob nicht aus kulturvergleichender und reli-
gionssoziologischer Sicht die europäische Säkularisierung der eigent-
liche Sonderweg sei, der einer Korrektur bedürfe«.[158] Die Böckenförde-
Formel skizziert nach Habermas die konkrete Form eines zwiefachen,
komplementären Lernprozesses zwischen säkularer Gesellschaft und
religiösen Grundgehalten. »Säkularisierende Entbindung religiös ver-
kapselter Bedeutungspotenziale«[159] erscheint als zentrale Aufgabe. Auffällig ist aber, dass es Habermas nicht bei der wechselseitigen Respekt-
bezeugung belässt, sondern dass er – wenn auch zunächst wenig
differenziert – davon spricht, dass die »Philosophie Gründe« hätte, »sich
gegenüber religiösen Überlieferungen lernbereit zu zeigen«.[160]

Vor diesem Hintergrund hat Habermas seit dem Jahr 2000 eine Position ›Zwischen Naturalismus und Religion‹ formuliert.[161] Dabei darf
nicht übersehen werden, dass seine Einlassungen in die Religions-The-
matik keinesfalls einen Bruch mit seinem früheren Denken bedeuten. Sie
setzen vielmehr eindrucksvoll fort, dass Habermas in seiner Rechtsphilosophie den Status des Staatsbürgers von vorpolitischen und nicht-ins-
titutionellen Quellen her dachte.[162] Habermas sieht nämlich den Rechts-
staat keineswegs nur, nach klassisch liberalistischem Modell, auf
negative Freiheiten begrenzt. Es geht zugleich um die Freisetzung positiver, kommunikativer Freiheiten, da nur auf diese Weise der demokratische Prozess zu einem einigenden Band werden kann.

Erkennbar ist auch die Rückwendung des späten Habermas auf den
schwachen, negativen Messianismus, der die erste Generation der Frankfurter Schule, vor allem von Walter Benjamin her, prägte. So führt er
Adornos Wort an: »Erkenntnis hat kein Licht als das von der Erlösung
her auf die Welt scheint«;[163] daneben stellt er Horkheimers Aussage, die
›Kritische Theorie‹ wisse, »dass es keinen Gott gibt, und doch glaubt sie
an ihn«.[164]

Die Replik von Joseph Ratzinger zeigt an wesentlichen Punkten eine
weitgehende Übereinstimmung mit Habermas. Er verweist auf die kulturelle Begrenztheit und Kontextabhängigkeit der säkularen westlichen
Rationalität. Besonderes Augenmerk richtet er auf den interkulturellen
Kontext der Gegenwart, in dem das Verhältnis von Glauben und Vernunft zu thematisieren ist. Die Begegnung und Durchdringung der Kulturen am Beginn des 21. Jahrhunderts bedeute nämlich zugleich einen

Verlust bisheriger Gewissheiten.[165] Obwohl Ratzinger Hans Küngs Vorstellung eines »Projekt Weltethos« misstraut, sieht er es als Indiz einer unhintergehbaren Problematik.

Auch bei Ratzinger ist ein sozialethisches Grundmotiv unüberhörbar: Wie kann Macht durch Recht eingehegt werden, zumal wenn sich zeigt, dass die Menschenrechte nicht universale Akzeptanz finden und der Rechtskodex von Religions- und Kulturprägungen abhängt?

Ratzinger spricht ausdrücklich von der »faktische[n] Nichtuniversalität der beiden großen Kulturen des Westens, der Kultur des christlichen Glaubens wie derjenigen der säkularen Rationalität, so sehr sie beide in der ganzen Welt und in allen Kulturen auf je ihre Weise mitprägend sind«.[166] Besonders ließ seinerzeit aufhorchen, dass Ratzinger die für katholische Moral- und Gesellschaftsauffassung Jahrhunderte hindurch maßgebende »Idee des Naturrechts«, einer Konvergenz von Natur und Vernunft,[167] preisgibt. Sie sei durch die Evolutionstheorie diskreditiert. Nicht minder wichtig ist Ratzingers Hinweis, dass fanatische Pathologien der Religion, die sich in religiös motiviertem Terror aber auch in fundamentalistischer Politik Bahn brechen, eine Selbstreinigung der Religionen – im Lichte der Vernunft – unumgänglich machten.

Die Thematik berührt nicht nur ein zentrales Feld der abendländischen Philosophie. Sie ist durch die Enzyklika ›Fides et ratio‹ (Glaube und Vernunft) seines Vorgängers Papst Johannes Paul II. (1996) vorbereitet. Glaube und Vernunft deutete der polnische Papst als die beiden Schwingen, durch die sich der Geist zur Wahrheit erhebt.[168] Auch die interkulturelle, Osten und Westen verbindende Dimension des Verhältnisses von ›Fides‹ und ›Ratio‹ wird hervorgehoben und auf die Begegnung der Weltreligionen geöffnet. Bereits Johannes Paul II. sprach von dem »Drama der Trennung zwischen Glaube und Vernunft«. Ausdrücklich akzeptiert er die Autonomie der philosophischen Vernunft gegenüber dem theologischen Lehramt und die Pluralität philosophischer Standorte, wobei er es als Aufgabe der Philosophie begreift, die essenziellen und existenziellen Fragen aufzunehmen, die auch in der Religion bezeugt und umkreist werden, und sich nicht in eine begrenzte, einzelwissenschaftliche Rationalität zu verlieren.

Tatsächlich entwarf der alte Papst aber einen Kanon, in dessen Zentrum nach wie vor Thomas von Aquin steht und, Neigungen des einstigen Philosophieprofessors Karol Wojtyla folgend, die Anthropologie Max Schelers, Edith Steins Denken und russische Religionsphilosophen wie Solowjew eine besondere Bedeutung zukommen sollte. Kant galt hingegen als Teil der Tragödie der Trennung und die nachkantische Philosophie als Symptom einer Hybris der Vernunft. Dieser Kanon ist schon kontroverstheologisch im Blick auf den Protestantismus einseitig. Die Verzeichnung Kants setzt sich auch bei Ratzinger fort. Hier dürfte die tiefste Differenz zu Habermas liegen.

Systematisch zentral ist aber für Ratzinger wie für Habermas die Korrelation von Vernunft und Glauben. Dieses Lebensthema von Papst Benedikt XVI., das zugleich das Thema seines Pontifikates ist, hat insofern notwendigerweise auch einen interkulturellen und interreligiösen Horizont. Denn beide, Glaube und Vernunft, sind nach Ratzingers Auffassung auf Hören und den Dialog orientiert. Mit dem Philosophen Kurt Hübner hält Ratzinger fest, dass das zentrale Thema nicht eine Rückkehr zur Religion sei, sondern eine Befreiung »von der epochalen Verblendung [...], [der Glaube] habe dem heutigen Menschen deswegen nichts mehr zu sagen, weil er seiner humanistischen Idee von Vernunft, Aufklärung und Freiheit widerspreche«.[169]

Der Dialog zwischen Habermas und Ratzinger setzte sich seither fort. Papst Benedikt XVI. bezog sich im Herbst 2007 in Wien ausdrücklich auf Habermas' Konzeption des kommunikativen Handelns als einer Form der universalen Vernunft, mit der der Glaube in Korrespondenz treten solle. Eine Differenz hat Habermas in der Auseinandersetzung mit der Regensburger Rede von Papst Benedikt XVI. 2007 benannt. Ratzinger verharre auf der »Synthese aus griechischer Metaphysik und biblischem Glauben«.[170] Habermas nimmt damit die vielfach geäußerte Kritik an der altkirchlich (neu-) platonischen Orientierung von Ratzingers Denken auf,[171] das die Spezifika der Moderne zu wenig berücksichtige. Dabei drohe übersehen zu werden, dass »es für die in der europäischen Neuzeit faktisch eingetretene Polarisierung von Glauben und Wissen gute Gründe gibt«.[172] Die gemeinsame Kritik an einer ›entgleisenden Moderne‹, wie Habermas es im selben Zusammenhang formuliert, bleibt von dieser Differenz unbeeinträchtigt. Der Papst hingegen wendet sich immer wieder gegen die These des führenden kulturprotestantischen Theologen um 1900, Adolf von Harnack, der eine »Hellenisierung des Christentums« in den ersten Jahrhunderten der Christentumsgeschichte notierte und sie als Verfremdung der Predigt Jesu, auch in ihrem jüdisch aramäischen Kontext, durch die Angleichung an die (populär-) philosophische Sprache der griechischen Kultur deutete. Daraus wird die Forderung abgeleitet, den genuinen Kern des Urchristentums von diesen Hüllen zu befreien und sich letztlich auf die historische Person Jesu zurückzubesinnen. Diese Tendenz könnten sich auch Kierkegaard und Nietzsche zu eigen machen.

Demgegenüber ist für Ratzinger die Verbindung zwischen Christentum und Hellenismus keineswegs zufällig. Durch sie verbindet sich der christliche Glaube mit der ihm in seiner Zeit zugänglichen Form des universalen Logos. Auch in seiner ›Regensburger Vorlesung‹ (2006) hat der Papst diesen Leitfaden weiter verfolgt. Er hat dabei die Maxime zugrundegelegt, dass nicht der Vernunft und dem Logos gemäß zu handeln,»dem Wesen Gottes zuwider« sei.[173] Bei Benedikt XVI. verbindet sich damit die Überzeugung, dass der Logos, in dem Vernunft und Glaube einander begegnen, eine Weite hat, die den Verengungen einer ›instrumentellen‹, technischen Vernunft (einer Verstandesvernunft) und ihrer Abkoppelung von ihren Zwecken begegnen kann. Unglücklicherweise bezog sich der Papst in der Regensburger Rede auf ein Religionsgespräch aus dem Jahr 1391 zwischen Christentum und Islam, aus dem der Eindruck entstehen konnte, der Islam werde mit einer logos-feindlichen, und eben dadurch zu Gewalt neigenden Religion gleichgesetzt. Nach großen Protesten mit der islamischen Welt hat der Papst versucht, diesen Eindruck zu korrigieren. Aus der Debatte entwickelte sich indes unstrittig eine Vertiefung des interreligiösen, insbesondere christlich-islamischen Gesprächs.

So wenig es der Problemlage der Moderne im letzten gerecht wird, wenn Papst Benedikt XVI. ein normatives Urbild von Aufklärung in der Verbindung von Christentum und antiker hellenistischer Logos-Philosophie erkennt, so ungeeignet sind auch alle Positivierungen des Aufklärungsphänomens, die von seiner inneren Dialektik und Sprengkraft absehen und es geradezu als einen Garanten für ein differenziertes, reflektiertes Verhältnis zur Religion erkennen wollen.[174] Wenn man begrüßt, dass im Zuge der Aufklärung Religion als eine Selbstbesinnung der Subjektivität bzw. als Zusatz zur Anthropologie gedacht wurde, so übersieht man damit zu leicht die Aporie, die darin liegt, dass die Eigenständigkeit der Religion damit von einem Fundament aus begründet werden sollte, das sie verneint. Schon Schleiermacher hatte bei seinem Versuch, die Religion als eine eigene »Provinz im Gemüt« zu begründen, die weder auf Erkenntnis noch auf Ethik zurückzuführen ist, damit zu tun.

Auf der protestantischen Linie zwischen Schleiermacher und Harnack, auf der Religion *genealogisch* auf die Frage des Menschen nach sich selbst zurückgeführt wird, soll sie der Orientierung des endlichen Lebens dienen und bewusst von der Logos-Metaphysik und ihren letzten Gedanken entkoppelt werden. Eine Negativbilanz des Kulturprotestantismus war es, dass damit auch eine Trennung in der Gemeinde einhergeht, die Hegel seinerseits thematisiert hat: Einerseits gibt es die religiösen Virtuosen, denen das natürliche Licht zugänglich ist und die zu ihrer persönlichen philosophischen Religion kommen, und andererseits die Vielen, die im alten konventionellen Glauben verhaftet bleiben müssen.

Die Religionskonzeption des Kulturprotestantismus führte sich zu einem Gutteil in der Krise jener bürgerlichen Kulturwelt selbst ad absurdum. Eine große Zäsur markiert dabei der Erste Weltkrieg. Es ist nicht zufällig, dass die Wiederentdeckung der unbedingten, fremden Grundschicht von Religion, die sich der aufklärerischen Umzeichnung entzieht, in die Jahre nach 1918 datiert: Auf protestantischer Seite ist hier die ›dialektische Theologie‹ Karl Barths, aber auch die Lutherrenaissance der Holl-Schule zu nennen;[175] die Gestalt des großen Konvertiten Erik Peterson, der aus der Freilegung der vormodernen, apokalyptisch eschatologischen Schichten des Neuen Testaments zu einer auf die Gegebenheit des Dogmas zurückgreifenden Theologie des Glaubensgehorsams und der Liturgie kam; die Hinwendung von Husserl-Schülern zum Katholizismus, darunter die hochbegabte jüdische Philosophin Edith Stein und nicht zuletzt die Wiederentdeckung der originären Denkform des Judentums bei Franz Rosenzweig[176] sind weitere bedeutende Symptome dieses Problemzusammenhangs; auch wenn an sie ihrerseits kaum unmittelbar angeknüpft werden kann, weil sie das Vermittlungsproblem von Vernunft und Religion und Religion und Moderne überspringen, nicht aber bedenken. Rosenzweig sah seine ›Philosophie des Judentums‹ gegen die fernen Letzt-Gedanken der Metaphysik von den Griechen bis Hegel, »von Ionien bis Jena« gerichtet. Die genannten Ansätze dokumentieren aber auch den Zweifel gegenüber der Stabilität der Kultur. Dies zeigt, dass die sanfte und bruchlose Verbindung von Aufklärung und Religion in der späteren Moderne kaum tragfähig sein kann. Es gibt gewichtige Anhaltspunkte dafür, dass heute Formen von Religion wiederkehren, die sich dem aufklärerischen Religionsbegriff gerade im globalen Zeitalter rasant beschleunigter und vermehrter interkultureller Begegnungen entziehen. Das Programm der Verbindung von Religion und Vernunft bleibt nichtsdestoweniger wichtig. Der höherstufige Ansatz der Hegelschen Religionsphilosophie dürfte auch vor diesem Hintergrund erneut Aufmerksamkeit beanspruchen.

Merksatz

- **Die Diskussion zwischen Jürgen Habermas, profiliertem Vertreter des ›Projekts Aufklärung‹, und Joseph Ratzinger (Papst Benedikt XVI.) zeigt, dass Religion in (säkulare) Vernunft, Vernunft aber auch in Religion übersetzt (übersetzbar) werden muss.**
- **Religion ohne Vernunft würde fanatisch, säkulare Vernunft ohne die Quellen von Religionen leer und technisch zweckrational werden.**

Religion und Politik

In der aktuellen Debatte, ob monotheistischen Religionen eine besondere Neigung zur Gewalt innewohne, ist zu beachten, dass das lateinische
Christentum von der Spätantike bis in die Neuzeit die Trennung von
Staat und Religion entwickelt hat. Sie ist für den neuzeitlichen Staatsbe-
griff fundamental geworden.

Als grundlegend erweist sich dabei die Unterscheidung zwischen zwei
Staatswesen (Civitates) bei Aurelius Augustinus (354-430): der weltlichen
Civitas (civitas terrena, die die Tendenz haben kann, zur Civitas Diaboli
zu werden) und der Civitas Dei. Dabei lehrt Augustinus, dass es in der
Zeit nach Christi Geburt (Post Christum natum) eine politische Theologie nicht geben kann.[177] Politische Theologie bedeutet im römischen
Sprachgebrauch die Religion der Polis oder Civitas, die von der Obrigkeit
gesetzt wird. Christlicher Glaube, so die Auffassung Augustins, ist universal, und daher nicht an eine politische Obrigkeit zu binden. Sie ist also
keineswegs mit der sichtbaren Kirche und ihrer Geschichte zu identifizieren.[178] Erst am Ende der Zeit wird sie in vollständiger Sichtbarkeit zu
Tage treten. Der Widerstreit und partiell auch der Ausgleich der beiden
Regimenter, Schwerter oder Gewalten sollten das Mittelalter prägen. Sie
erweisen sich als Grundmotiv im Investiturstreit im 11. und 12. Jahrhundert und sie spiegeln sich in der Dichtung, etwa bei Dante Alighieri.
Martin Luther (1483-1546) hat die Lehre von den zwei Regimentern,
gegen die Schwärmer und die aufrührerischen Bauern um Thomas Müntzer,
gewendet. Dies hat bei Luther die Konsequenz, dass zum einen auch der
Christenmensch, der vor Gott frei ist, weltlicher ›Obrigkeit untertan‹ sein
soll; und dass zum zweiten selbst die schlechte Obrigkeit der Anarchie
vorgezogen wird. Faktisch finden wir Luther zufolge immer Durchmi-
schungen der beiden Gewalten. Doch es ist zu unterscheiden, was dem
Menschen als weltliche Person (auch als Amtsperson) und als geistliche
Person vor Gott zukommt. In diesem Sinne ist das Paradox aufzulösen,
das Luther an den Anfang der Schrift ›Von der Freiheit eines Christenmenschen‹ (1520) stellt: »Ein Christenmensch ist ein freier Herr über alle
Dinge und niemand untertan. Ein Christenmensch ist ein dienstbarer
Knecht aller Dinge und jedermann untertan«.[179]

Gefestigt wurde die Trennung zwischen Religion und Politik in Thomas Hobbes' (1588-1679) Staats- und Souveränitätslehre. Sie verfolgte vor allem das Interesse, die Bürgerkriegskonflikte der frühen Neuzeit, die alle auch Religions- und Konfessionskonflikte sind, einzuhegen. Der Souverän kann deshalb nach Hobbes von seinen Bürgern ein äußerliches Bekenntnis zur Herkunftsreligion verlangen. Hobbes ist nämlich der Auffassung, dass es ohne diese religiöse Rückbindung keine Loyalität gegenüber der staatlichen Obrigkeit geben werde. Das minimale Bekenntnis bezeichnet Hobbes selbst als ›Civil religion‹. Es lautet: ›Jesus is the Christ‹ und setzt offensichtlich eine christlich geprägte Ordnung voraus.[180] Der Gläubige werde, so Hobbes' Vorstellung, diesen Satz ohne Schaden bekennen können, da er das Grunddogma ist. Von dem Nicht-Gläubigen wird hingegen nur ein Lippenbekenntnis erwartet.

Religion und Gewissen‹ sind dem Zugriff des Staates entzogen. Da er darauf besteht, kann Hobbes mit einem gewissen Recht als Begründer des Liberalismus betrachtet werden.[181] Diese Trennung ist eine wesentliche Grundlage der Zivilisationsgeschichte der Neuzeit geworden, sie wurde allerdings in den totalitären Ideologien des 20. Jahrhunderts systematisch unterlaufen. Deshalb konnte in einem nicht unmaßgeblichen Zweig der neuen Totalitarismusforschung auch von ›politischen Religionen‹ gesprochen werden.[182]

Gemäß der von Hobbes formulierten Trennung hat die Kirche damit in staatlichen Belangen nurmehr die Rolle einer indirekten Gewalt (Potestas indirecta). Bekanntlich sind daraus in den Nationalgeschichten der Neuzeit diametral entgegengesetzte Folgerungen gezogen worden. Sie reichen vom französischen Laizismus bis zu Verfassungen mit mehr oder weniger ausdrücklichem Gottesbezug.[183]

Der Begriff einer ›religion civile‹ ist von Jean-Jacques Rousseau in seinem ›Contrat social‹ als letzte Verankerung der ›volonté générale‹, also des allgemeinen Willens, in dem die Einzelwillen aufgehen sollen, verstanden worden. Damit trennt sich Rousseau von der Zwei-Gewalten-Lehre. In seiner zentralen Bestimmung besagt das Konzept der Zivilreligion: »Die Existenz einer allmächtigen, allwissenden, wohltätigen, vorhersehenden und sorgenden Gottheit, das zukünftige Leben, das Glück des Gerechten und die Bestrafung der Bösen sowie die Heiligkeit des Gesellschaftsvertrages und der Gesetze – das sind die positiven Dogmen. Was die negativen Dogmen anbelangt, so beschränken sie sich auf ein einziges: die Intoleranz«.[184] Es enthält allerdings eine weitreichende Implikation. Denn auf seiner Grundlage werden sowohl Katholiken als auch Atheisten von vorne herein aus dem Gesellschaftsvertrag ausgeschlossen. Daher ist Rousseaus ›Contrat social‹ keineswegs so formal, wie es zunächst den Anschein hat. Er hat, wie Henning Ottmann zu Recht bemerkt, »die Religionsauffassung eines aufgeklärten Anhängers einer Vernunftreligion zur Grundlage«.[185] Der Toleranzbegriff der preußischen Staatsdoktrin von Friedrich dem Großen bewegt sich offensichtlich auf derselben Linie, obwohl er konventioneller gehalten ist. Jeder solle nach seiner Façon selig werden. »Aber die priesters müssen die tolerance nicht vergessen«.[186] Friedrich II. berührt sich hier eng mit dem zentralen Toleranzgedanken Lessings in der ›Ringparabel‹.

Der bedeutende Kirchenhistoriker Erik Peterson hat 1935 angesichts der Gefahr eines Verlustes der Eigenständigkeit der Religion gegenüber dem Staat, an die Unmöglichkeit einer politischen Theologie nach Christus, die bereits Augustin vor Augen hatte, erinnert: »[...] die Lehre von der göttlichen Monarchie musste am trinitarischen Dogma und die Interpretation der Pax Augusta an der christlichen Eschatologie scheitern [....]. Nur auf dem Boden des Judentums oder Heidentums kann es so etwas wie eine ›politische Theologie‹ geben. Doch die christliche Verkündigung von dem drei-einigen Gotte steht jenseits von Judentum und Heidentum [...].«[187] Unstrittig sind auch in der Geschichte des Christentums theologische Legitimationsversuche unternommen und ist, auch in der Neuzeit, die genannte Grenze überschritten worden. Gerade im 20. Jahrhundert zeichnet sich eine lebhafte Debatte über ›politische Theologie‹ ab. Sie reicht von einem jüdisch-christlich begründeten Widerstandsrecht (Bloch, Moltmann, J. B. Metz) bis zu der Aussage des Staatsrechtlers und zeitweisen ›Kronjuristen‹ des Dritten Reiches, Carl Schmitt, alle Begriffe der Staatslehre seien »säkularisierte politische Begriffe«.[188] Damit ist insbesondere gemeint, dass sich die ungeteilte transzendierende Souveränität des Herrschers letztlich nur als Ausfluss göttlicher Allmacht denken lasse.

Religionstheoretisch ist daher die Frage von besonderem Interesse, inwiefern eine Religion in Distanz, Analogielosigkeit und Indifferenz zur Politik steht.

Religion und Interkulturalität im 21. Jahrhundert

Die Religionswissenschaft muss sich heute in ihren unterschiedlichen Bereichen der interreligiösen Problematik öffnen. Neben der Begegnung zwischen Religionen und der säkularen Welt ist vor allem das Gespräch zwischen den Weltreligionen selbst von entscheidender Bedeutung. In der Philosophie ist durch die Habilitationsschrift von Georg Stenger, vorausgehende Arbeiten seines Lehrers Heinrich Rombach, aber auch durch Arbeiten von Philosophen aus dem fernen Osten oder aus Afrika mittlerweile ein neues Niveau erreicht. Es wird deutlich, dass die interkulturelle und interreligiöse Fragestellung nicht nur Forderung der Zeit und damit unerlässlich in einer globalisierten Welt ist. Sie wird vielmehr von den Phänomenen und Begriffen selbst erfordert, nicht zuletzt vom Phänomen der Religion. Interkulturalität ist also längst nicht mehr als politisch motivierter Tribut in einer ›post-kolonialen‹ Welt zu sehen.

Die interkulturelle und interreligiöse Fragestellung führt damit auch an die Grenzen von Vergleichbarkeit und Übersetzbarkeit.[189] So sind Grundbegriffe für den Vollzug einzelner Religionen nicht ohne weiteres in die Begriffsschemata anderer Religionen zu übertragen: dies ließe sich an der Semantik von Glaube (fides) exemplarisch zeigen, die in fernöstlichen Religionen keine unmittelbare Entsprechung hat.

Dem Problem der Interkulturalität der Weltreligionen kann man gerade in Auslotung solcher unübersetzbaren Differenzen näher kommen. Dazu gibt es in der französischen Philosophie des 20. Jahrhunderts bemerkenswerte Entwürfe, etwa von Gilles Deleuze oder Jean-François Lyotard.

Zumindest ebenso wichtig dürfte es aber sein, Berührungen (›Interferenzen‹) zwischen den Religions-Welten freizulegen. Dabei erschließt sich Erfahrung erst vom Raum des ›Zwischen‹, in dem einzelne Religionen aufeinanderbezogen sind.[190]

Wie Heinrich Rombach immer wieder betonte, bedarf die Interkulturalität nicht nur eines *hermeneutischen*, sondern ebenso eines *hermetischen* Zugangs. Kulturen und erst recht Religionen sind nämlich eigene Welten. Im Dialog öffnen sie sich auf andere Welten, insofern sie sich zugleich in sich selbst vertiefen. Es geht also gerade nicht darum, am

Leitfaden eines abstrakten Universalismus Kompromiss- und Schnittmengen zwischen ihnen zu ermitteln, sondern die Eigenwelten aufeinander hin transparent zu machen.

Dass jene phänomenologische Vorzeichnung von Interkulturalität für ein Religionsgespräch am Beginn des 21. Jahrhunderts unerlässlich ist, wird durch Argumente verstärkt, die im Laufe der vorausgehenden Kapitel immer wieder angeklungen sind:

(1) Der okzidentale Rationalismus mit seiner starken Trennung zwischen Herkunftsreligion und (säkularer) Vernunft erweist sich angesichts verstärkter Begegnung mit anderen Weltkulturen als nicht universal, sondern partikular. Erst im späten 20. und im 21. Jahrhundert sieht sich dieser Rationalismus einem Blick von außen ausgesetzt.

(2) Religion würde auf ein epistemisches oder ethisches Muster reduziert, wenn das Gespräch auf die allgemein konsensfähigen Annahmen begrenzt bliebe. Die Innenperspektive der Weltreligionen würde man auf diesem Wege nicht erreichen. Insofern könnte unter diesen Voraussetzungen auch kein wirkliches Religionsgespräch stattfinden.

(3) Zu erinnern war bereits eingangs an die Grenze des Parsonsschen Gesetzes an der Religion. Religionen führen nicht zu einer Einheitssymbolik, an deren Ende dann eine neue Weltreligion stehen könnte.

Wie zu zeigen war, ist das Wissen um die Unumgänglichkeit einer inter- und transkulturellen Annäherung an Religion keineswegs eine Einsicht erst des frühen 21. Jahrhunderts. Die Religionsgespräche umrissen bereits im Spätmittelalter Begegnungen zwischen Religionen. Die klassischen Religionsphilosophien von Hegel oder Schleiermacher zeigten, dass der Begriff der Religion nur aus der Kontrastierung der Weltreligionen gewonnen werden kann.

Deren einseitige Fokussierung auf das Christentum als ›absolute Religion‹ oder als ›Religion der Religionen‹ ist aber heute zu korrigieren.

Keiji Nishitani (1900-1990) nahm aus seiner Kenntnis der europäischen Philosophie zwischen Augustin, Meister Eckhart, Cusanus, Hegel, Nietzsche, Bergson und Heidegger und aus den tieferen Schichten der Meditation des ZEN-Buddhismus die Frage nach der Religion auf. In der interkulturellen Dimension könne sich die Erfahrung von Religion erst vollständig entfalten. Von hier her kommt es zu einer überraschenden Verbindung zwischen der Position der Leere (sunyātā) und der Negativitäts-Erfahrung, wie sie dem Christentum in seiner Begegnung mit der Moderne eigen ist. Nishitani formuliert: »Wahre Gleichheit besteht in dem wechselseitigen Austausch der Positionen von ›Herr‹ und ›Knecht‹, das heißt in der absoluten Ungleichheit. Wahre Gleichheit ist Gleichheit in der Liebe. Dies ist nur im Felde der Leere möglich, das eigentlich in der Wesensstruktur aller höheren Formen der Religion enthalten ist«.[191] Religion ist gerade Transzendierung von Gegensätzen, auch jener zwischen ›endlich‹ und ›unendlich‹, ›persönlich‹ und ›unpersönlich‹. Der naheliegende Einwand, damit werde einem Synkretismus aus Versatzstücken der verschiedenen religiösen Überlieferungen das Wort geredet, ist nicht zutreffend. Nishitani geht es nämlich nicht so sehr um das Was, als vielmehr um das Wie der religiösen Weltauffassungen.

Einen weiteren bedeutenden Ansatz zum Gespräch der Religionen kann man bei Max Weber (1864-1920) finden, dessen Grundzüge einer vergleichenden Religionswissenschaft weit über die Sphäre der Religionssoziologie hinaus von Bedeutung ist. Anders als sein großer französischer Antipode Emile Durkheim ist Weber kein Vertreter des Säkularismus. Durkheims berühmtes Votum lautete: »Wir müssen zwischen Gott und der Gesellschaft wählen«. Doch er zeigte im selben Atemzug, dass dieser Satz eigentlich nur eine Scheinalternative eröffnet: »weil ich in Gott nur die verklärte und symbolisch gedachte Gesellschaft erblicke«. Dieser funktionalistischen Religionstheorie schließt sich Max Weber aus guten Gründen nicht an. Religion hat für ihn vielmehr einen eigenen Rationalitätcharakter und eine eigene Rationalitätsdynamik. Sie strahlt auf andere Lebensbereiche aus und kann dadurch, wie Weber schon in seiner durchschlagenden Schrift ›Die protestantische Ethik und der Geist des Kapitalismus‹ (1904/05) gezeigt hat, selbst zur prägenden Kraft der historischen Entwicklung werden. Ebenso berücksichtigt Weber den Säkularisierungsprozess und bemerkt, »dass die Religion je weiter diese besondere Art von Rationalisierung (sc. jene der Moderne) fortschritt, desto mehr ihrerseits in das – vom Standpunkt einer intellektuellen Formung des Weltbildes aus gesehen – Irrationale geschoben wurde«.

Auf dem Weg zu einer interkulturellen Religionstheorie wurde immer wieder mit einfachen Dichtomien gearbeitet: So würden fernöstliche Erlösungsreligionen auf die Leere, die monotheistischen, ›abrahamitischen‹ Religionen der westlichen Hemisphäre dagegen auf Differenzierung, Bestimmung zielen. Das Nichts steht dann gegen die vollbestimmte Präsenz der Offenbarung Gottes, wobei sich beide Wege, der westliche und der östliche, in der Mystik berühren. All dies sind hilfreiche Reliefs, die oftmals von Philosophen mit begründet wurden, die, wie Nishitani, gleichermaßen in der östlichen und der westlichen Kultur- und Denkwelt heimisch gewesen sind.

Max Webers vergleichende Religionssoziologie kann indes über diese Unterscheidung zwischen dem Einheitsparadigma des Ostens und dem Differenzparadigma des Westens hinausführen. Religion entfaltet sich im Sinne von Weber in der Trias von Gott, Mensch und Welt. Weber geht dabei von Grenzen der Übersetzbarkeit zwischen den Religionen *und* ihrem Verhältnis zur Moderne aus, der Kulturepoche, »die vom Baum der Erkenntnis gegessen hat«.[192]

Die späte Moderne, also die Jetztzeit, ist nach Weber durch einen Antagonismus der Werte und Weltorientierungen gekennzeichnet. Weber hat Abschied genommen von dem Anspruch einer universalen, einen Vernunft, die diese Entzweiungen noch zusammenhalten könnte. In diesem Zusammenhang stehen die berühmten Sätze aus Webers Rede über ›Wissenschaft als Beruf‹ (1919): »Die alten vielen Götter, entzaubert und daher in Gestalt unpersönlicher Mächte, entsteigen ihren Gräbern, streben nach Gewalt über unser Leben und beginnen, untereinander wieder ihren ewigen Kampf. Das aber, was gerade dem modernen Menschen so schwer wird, und der jungen Generation am schwersten: einem solchen Alltag gewachsen zu sein«.

Diese Diagnose führt dazu, dass sich Weber, auf einen Vergleich zwischen den Weltreligionen konzentriert. Er schärft den Blick auf das Nicht-Selbstverständliche der jeweiligen Entwicklungen. Der Gedanke einer ›absoluten Religion‹, aber auch der Quintessenz einer Religion der Vernunft ist im Unterschied zum deutschen Idealismus damit preisgegeben.

Im Zusammenhang seiner Vergleiche wurde Weber nach und nach deutlich,[193] dass die okzidentale Rationalität, einschließlich der ihr korrelierten protestantischen Wirtschaftsethik eine *Ausnahme* ist.

Weber erkennt zunächst vor dem Brennpunkt der Protestantismus-These die anders gelagerte Rationalität des fernöstlichen Konfuzianismus und Taoismus. In beiden Fällen verbindet sich Religion mit Rationalität. Doch die Rationalitäten unterscheiden sich fundamental voneinander. Der konfuzianische Rationalismus bedeutet rationale Anpassung an die Welt. Der puritanische Rationalismus: rationale *Beherrschung* der Welt.

Weber trifft noch eine andere wichtige systematische Unterscheidung, die zwischen *Kultur- und Erlösungsreligion* verläuft. Erlösungsreligionen manifestieren sich in Askese, Mystik aber auch in der pneumatischen Ausprägung als Geistreligion. Der Konfuzianismus ist ebenso wie der Islam, zu dem er nur Fragmente hinterlassen hat, für Weber primär Gesetzes- und politische Religion. Kulturreligionen kennen nicht die Dimension der Askese, und sie kennen das radikale Böse nicht.

Weber konkretisiert seine Vergleiche insbesondere im Blick auf die Wechselwirkung von Religion und Wirtschaft, sowie Herrschaft.

In der berühmt gewordenen ›Zwischenbetrachtung‹ seiner Studie über »Hinduismus und Buddhismus« hat Weber die Differenz zwischen Weltbejahung und Weltverneinung in den Weltreligionen besonders untersucht. Dass Kulturreligionen und politische Religionen nicht zur Weltablehnung neigen, scheint auf der Hand zu liegen. Religionsformen der Weltabgewandtheit begegneten im Brahmanismus, Buddhismus, im Judentum und im Christentum; mit der grundsätzlichen Tendenz, dass sich eine Heilsidee zur Erlösungsidee verdichten kann. Dabei scharen ›religiöse Virtuosen‹ (ein Ausdruck von Schleiermacher), ihre Anhänger um sich.

Askese und Kontemplation sind für Weber zwei Heilswege innerhalb der Erlösungsreligionen.

Bei Max Weber sind Grundlinien zu finden, wie man sich dem komplexen Gegenstand einer vergleichenden Religionstheorie annähern kann. Seine schwebenden, am Material gewonnenen Kategorien scheinen heutiger philosophischer, auch phänomenologischer Erkenntnis näher zu sein, als die ähnlich ambitionierte Religionsphilosophie des deutschen Idealismus, namentlich Hegels. Obwohl er das »stählerne Gehäuse« der Moderne und die wissenschaftliche Zersplitterung für unhintergehbar hält, begründet Max Weber noch einmal eine ›Universalwissenschaft‹. Deren Mitte kann man vielleicht mit Wilhelm Hennis als ›Wissenschaft vom Menschen‹ begreifen. Doch diese ist bei der Behandlung der Religion nicht naturalistisch vorauszusetzen. Was der Mensch als geschichtliches und kulturelles Wesen ist, erschließt sich vielmehr erst in seiner Selbstdeutung und -transzendenz an und durch die Religion.

Webers Prämisse ist klar: Er will Religionen und ihre Symbolisationssysteme nicht als Illusionen erweisen. Er versteht vielmehr Religionen als zu erkennende Tatsachen – und, wie man mit Clifford Geertz sagen müsste, als Modelle für Realität. Damit ist die Befassung mit Religion zugleich Selbstbesinnung des Forschers. Auf diese Weise hält Weber die Sache der Religion offen: Sie ist auch durch die Moderne uneingeholt. Und ihr kommt gerade im Sinne der Selbstreflexion der Wissenschaft und der von ihr geprägten Kultur höchste Bedeutung zu. Religionen erkennt Weber (immer auch) als große Kultivatoren. Gerade, insofern sie ein a-kosmistisches Weltverhältnis einführen, eröffnen sie die Möglichkeit der Abstandnahme von Natur und unmittelbarer Bedürfniswelt. Doch von der Sphäre der Wissenschaft führt in Webers Verständnis kein

Weg zum religiösen Heil. Davon ist seine große Rede über ›Wissenschaft als Beruf‹ geradezu durchdrungen. Besonders eindrücklich wird dieser Riss in der berühmten Passage am Ende von ›Wissenschaft als Beruf‹ erkennbar, wo Weber das edomitische Wächterlied aufnimmt und dem Menschen inmitten des Antagonismus der modernen Pluralen Welt kontrastiert: »Es kommt ein Ruf aus Seir in Edom: Wächter, wie lang noch die Nacht? Der Wächter spricht: Es kommt der Morgen, aber noch ist es Nacht. Wenn ihr fragen wollt, kommt ein ander Mal wieder«. Das Volk, dem das gesagt wurde, so legt Weber aus, »hat gefragt und geharrt durch weit mehr als zwei Jahrtausende, und wir kennen sein erschütterndes Schicksal.« Uns dagegen, so zieht er die Schlussfolgerung, kann das Warten und Sehnen nicht ausreichen. Daher sollten wir an die Arbeit gehen und suchen, der »Forderung des Tages« gerecht zu werden. Doch was heißt dies? Nichts anderes als dass »jeder den Dämon findet und ihm gehorcht, der *seines* Lebens Fäden hält«. [194]

Troeltsch und Weber

Das großangelegte Webersche Forschungsprogramm aus dem Brief an den Verleger Siebeck vom 30. 12. 1913 und damit zugleich seine Nähe zu der Konzeption seines Freundes und zeitweiligen Hausgenossen Ernst Troeltsch (1865-1923) wurde eingangs zitiert. In der gegenwärtigen Situation dürfte diese Forschungskonzeption erneut aktuell sein, verbindet sie doch einzelwissenschaftliche Perspektiven mit einer umfassenden Religionstheorie. Dabei war das Programm von Troeltsch weiter gefasst als jenes von Weber. So lassen sich bei Troeltsch vier Fragenkomplexe isolieren: Zunächst soll nach der Vorstellung von Individuum und Gemeinschaft gefragt werden, wie sie sich aus dem Kern der Religion ergibt; sodann nach der Verfassung der Gemeinschaft der Gläubigen gemäß dieser Inspiration. Dem ging Troeltsch in seinem Werk ›Die Sozallehren der christlichen Gruppen und Sekten‹ beredt nach.[195] Weiterhin sind die Folgen der Religion für ein übergreifendes Ideal menschlichen Zusammenlebens und damit die Frage des Zusammenlebens von Gläubigen und Nicht-Gläubigen zu untersuchen. Viertens wirft Troeltsch die doppelt perspektivierte Kausalfrage auf, wie eine religiöse Tradition die Strukturen von Gesellschaft und Staat beeinflusst hätte und umgekehrt. Ein Fragengefüge, das heute, etwa bei Hans Joas, in einem expliziten, auf dem heutigen Stand von Sozial- und Religionswissenschaften neu aktuellen Forschungsprogramm formuliert wird und dem nicht wenige gegenüber der Konzeption Max Webers den Vorzug geben.

Religion in der Moderne ist ein interkulturelles Phänomen.

- **Der westliche Universalismus (okzidentale Rationalismus) erweist sich heute selbst als eine partikulare Weltperspektive (einschließlich der Trennung von Religion und Politik).**
- **Zwei Gespräche sind in der heutigen Interkulturalität zu unterscheiden: Religion(en) und säkulare Welt einerseits und das Gespräch der Religionen untereinander.**
- **Letzteres erfordert eine Verständigung über die Tiefengrammatiken der Religionen, um ihre Familienähnlichkeit (Wittgenstein) erkennen, das Eigene im Anderen bemerken zu können.**
- **Der eigene Unbedingtheits- und Wahrheitsanspruch wird dabei nicht preisgegeben, wird sich aber seiner perspektivischen und kontextuellen Begrenztheit bewusst werden.**

Anhang

Anmerkungen

[1] Schaeffler, Religonsphilosophie, S. 145 ff.; Dalferth, Religiöse Rede von Gott.

[2] Wittgenstein, Vorlesungen und Gespräche, S. 98 f . und S. 95. Dazu auch Schaeffler, Religionsphilosophie, S. 151.

[3] Bolz, Das Wissen der Religion.

[4] Exemplarisch für diesen reduktionistischen Trend eines Teils der gegenwärtigen analytischen Religionsphilosophie: Löffler, Einführung in die Religionsphilosophie.

[5] Fernsehdokumentation über Papst Benedikt XVI. br-alpha am 26. 12. 2008.

[6] Scholz, Religionsphilosophie, S. 11 ff.

[7] Exemplarisch: Trillhaas, Religionsphilosophie, S. 41 ff.

[8] Tillich, Religionsphilosophie, S. 41 ff.

[9] Dalferth, Die Wirklichkeit des Möglichen, S. 5 ff.

[10] Spaemann, Das unsterbliche Gerücht, passim.

[11] Rentsch, Gott, vor allem S. 52 ff.

[12] Schneider, Religion.

[13] Ibid., S. 99.

[14] Nishitani, Was ist Religion? S. 40 f.

[15] Ibid., S. 41.

[16] Hermann Lübbe, Religion nach der Aufklärung.

[17] Insbes. ibid., S. 219 ff: Zum Status funktionaler Religionstheorien.

[18] Dies ist die Schwäche aller funktionalistischen Religionstheorien, die die Frage nach dem Zusammenhang zwischen Religion und Vernunft nicht aufwerfen.

[19] Dawkins, Gotteswahn. 2006.

[20] Daniel Dennett, Natürliche Religion, 2008.

[21] Zit. nach Joas, Säkularisierung und die Weltreligionen, S. 25 f

[22] Joas, Einleitung, in: ebd., S. 9- 44.

[23] E. Durkheim, Die elementaren Formen des religiösen Lebens. Übers. von L. Schmidt, S. 571. Dazu auch F. Wagner, Was ist Religion?, S. 172.

[24] Simmel, Die Religion (1906), S. 30.

[25] Dux, Die Logik der Weltbilder.

[26] Dazu die kritische Auseinandersetzung bei Wagner, Was ist Religion?, S. 199 ff. Siehe auch die Kritik von Pannenberg, Macht der Mensch die Religion, oder macht die Religion den Menschen? In: Religion als Problem der Aufklärung, S. 151 ff.

[27] Graf, S. 212.

[28] Graf, S. 215.

[29]   P. L. Berger, Zur Dialektik von Religion und Gesellschaft. Elemente einer soziologischen Theorie, S. 94.

[30]   N. Luhmann, Religion, S. 242.

[31]   Luhmann, Die Religion der Gesellschaft, S. 9 ff.

[32]   Luhmann, Die Religion der Gesellschaft, S. 317.

[33]   Ibid., S. 318.

[34]   Ibid., S. 342.

[35]   Ibid., S. 343.

[36]   J. Matthes, Das Eigene und das Fremde, S. 137 ff.

[37]   Matthes, Das Eigene und das Fremde, S. 262.

[38]   F. Wagner, 253 ff.

[39]   Wagner, ibid.

[40]   U. Mann, Einführung in die Religionspsychologie, pass.

[41]   Ratschow, Methodik der Religionswissenschaft.

[42]   Vgl. Eliade, Kosmos und Geschichte, S. 133; ders., Die Religionen und das Heilige, S. 500 ff. pass., dazu Wagner, Was ist Religion?, S. 330.

[43]   Kippenberg, v. Stuckrad, Religionswissenschaft, S. 17 ff.

[44]   Geertz, Dichte Beschreibung, S. 18.

[45]   Weber, Gesammelte Aufsätze zur Wissenschaftslehre. Tübingen 1968, S. 433..

[46]   Geertz, 1996, S. 284.

[47]   Ratschow, Magie und Religion. Gütersloh 1947, S. 152 f.

[48]   Kippenberg, von Stuckrad, Religionswissenschaft, S. 54.

[49]   Hock, 2002, S. 161, nach Figl, Handbuch Religionswissenschaft, S. 49.

[50]   Lanczkowski ²1991, S. 71, nach Figl, Handbuch Religionswissenschaft, S. 48.

[51]   In der Gliederung orientiere ich mich an Figl (Hg.), Handbuch Religionswissenschaft.

[52]   Tillich, Dogmatik. Marburger Vorlesung 1925, S. 204.

[53]   Hier zit. nach U. Barth, Religion in der Moderne, S. 122 f.

[54]   Barth, ibid., S. 123

[55]   Ibid., auch S. 150 ff.

[56]   L. Wittgenstein, Schriften Band 1. Frankfurt/Main 1960, S. 142.

[57]   Wagner, Was ist Religion?, vor allem S. 20-165, sowie das umfangreiche begriffsgeschichtliche Werk: Ernst Feil, Religio. Göttingen 1990 ff. (bislang 3 Bände).

[58]   Herodot, Historien 2, 53 dazu auch K. Heinrich, anthropomorphé.

[59]   Seubert, Polis und Nomos, insbes. S. 181 ff.

[60]   Vgl. Pannenberg, Theologie und Philosophie, passim. Barth, Fides quaerens intellectum; Anselm von Canterbury, Proslogion. Hgg. von Pater F. S. Schmitt.

[61]   Dazu mit vielen Belegstellen: Theo Kobusch, Christliche Philosophie.

[62]   Augustinus, Retractationes I, 12.

[63]   Thomas von Aquin, Summa Theologiae II III 81, 1 c.

[64] Zit. nach Schönberger, Thomas von Aquin, S. 44.

[65] Thomas von Aquin, Summa contra Gentiles I, 4 [24].

[66] Forschner, Thomas von Aquin, S. 22.

[67] Mahmoud Zakzouk, Abu Hamid Muhammad al-Ghazali, in: Niewöhner (Hg.), Klassiker der Religionsphilosophie, S. 112 ff.

[68] Maimonides, Führer der Unschlüssigen.

[69] Vgl. dazu auch Beierwaltes, Platonismus im Christentum, vor allem S. 44 ff. und S. 85 ff.

[70] Niewöhner, Klassiker, S. 122.

[71] Ibid.

[72] Vgl. beispielsweise: Cusanus, De non aliud.

[73] Cusanus, de pace fidei. Dazu eingehend Seubert, Nicolaus Cusanus, S. 57 ff.

[74] Cribratio Alkorani, Schriften des Nikolaus von Kues 20a, S. IX.

[75] Calvin, Unterricht in der christlichen Religion, I, 3, 2 ff. Dazu Barth, Das Problem der natürlichen Religion bei Calvin; C.H. Ratschow, Die Religionen, S. 25 ff.

[76] Weimarer Ausgabe 46, 668.

[77] WA TR 5, Nummer 5504.

[78] Barth, Aufgeklärter Protestantismus, S. 211.

[79] Nach Barth, ibid., S. 207.

[80] Barth, Aufgeklärter Protestantismus, S. 222. Es scheint allerdings etwas zu weit zu gehen, wenn Barth Spaldings Ansatz in die Nähe zu Hegels ›Phänomenologie des Geistes‹ (1807) bringt.

[81] Hume, Dialoge über natürliche Religion, S. 112.

[82] Henrich, Der ontologische Gottesbeweis.

[83] Demgegenüber erscheint die Teleologie in Kants ›Kritik der Urteilskraft‹ nur noch als eine interpretatorische Betrachtungsweise. Vereinfacht gesprochen: Wir betrachten die Welt als ›Organismus‹, insofern wir sie teleologisch verstehend in Analogie zum Kunstwerk auffassen, und wir betrachten sie als ›Mechanismus‹, sofern an der Erklärung ihrer Funktionen gelegen ist.

[84] P. Strasser, Theorie der Erlösung, insbes. S. 11 ff.

[85] Lessing, Erziehung des Menschengeschlechts, § 36.

[86] Rohrmoser, S. 50.

[87] J. S. Semler, Magazin für die Religion, Band II. Halle 1780, S. XXI. Vgl. auch T. Rendtorff, Kirche und Theologie, S. 53 ff.

[88] Semler, Versuch einer freieren theologischen Lehrart. Halle 1777, § 153, S. 536.

[89] Kant, Religion innerhalb der Grenzen der bloßen Vernunft, AA V, S. 6 f.

[90] Hegel in Briefen seiner Zeitgenossen, S. 402. Vgl. auch Jaeschke, Hegel-Handbuch. Leben-Werk-Wirkung Stuttgart 2003, S. 500.

[91] R. Spaemann, Der letzte Gottesbeweis. München 2007, S. 31.

[92] Ibid., S. 32.

[93] Schleiermacher, Über die Religion. Reden an die Gebildeten unter ihren Verächtern, S. 40 und S. 43

[94] Ibid., S. 50.

[95] Ibid., S. 118 f.

[96] Ibid., S. 199.

[97] Herder, Christliche Schriften, 5. Sammlung: Von Religion, Lehrmeinungen und Gebräuchen (1798), in: ders., Sämtliche Werke, hg. von B. Suphan Band XX, S. 133-265.

[98] Ibid., S. 237.

[99] Ibid., S. 190 f. ; vgl. auch S. 238, S. 135.

[100] Ibid., S. 191.

[101] Hegel, Einleitung. Vorlesungen über die Philosophie der Religion I. Theorie-Werkausgabe Band 16, S. 16 ff., ferner: Vorlesungen über die Beweise vom Dasein Gottes, Theorie-Werkausgabe Band 17, S. 347 ff.

[102] Hegel, Vorlesungen über die Philosophie der Religion II. Theorie-Werkausgabe Band 17, S. 329 ff.

[103] Hegel, Vorlesungen über die Philosophie der Religion II, S. 343.

[104] Vgl. dazu Theorie-Werkausgabe Band 17, S. 340 ff. Vgl. auch Rohrmoser, Subjektivität und Verdinglichung; und Pannenberg, Theologie und Philosophie, S. 257 ff.

[105] Nietzsche, Der Anti-Christ, KSA Band 6, S. 211 ff. Ibid., S. 211 heißt es, mit der starken Wendung gegen Paulus: »Das ›Evangelium‹ s t a r b am Kreuz«.

[106] Dazu Duchrow, Christenheit und Weltverantwortung.

[107] Hegel, Enzyklopädie der philosophischen Wissenschaften, Theorie-Werkausgabe Band 10, § 552, insbes. S. 563.

[108] Ibid., S. 364.

[109] Dazu kritisch: H. Assel, Der andere Aufbruch. Die Lutherrenaissance; zu Hirsch, S. 164 ff.

[110] Schelling, Philosophie der Mythologie. Erstes Buch. Der Monotheismus, in: Schellings Werke, Hgg. von Manfred Schröter. Sechster Hauptband, S. 255 ff.

[111] C. G. Jung, Aion.

[112] Novalis, Die Christenheit oder Europa, in: Werke, hg. und kommentiert von Gerhard Schulz, S. 499-518.

[113] Ibid., S. 513.

[114] Chateaubriand, Geist des Christentums, S. 17.

[115] Ibid., S. 488.

[116] Ibid., S. 388.

[117] L. Feuerbach, Das Wesen des Christentums, Werke Band 4, S. 31.

[118] Marx, Zur Kritik der Hegelschen Rechtsphilosophie, Einleitung, MEW,1 S. 385.

[119] Zit. nach Rentsch, Gott, S. 155.

[120] Ibid., S. 154.

[121] Neue Vorlesungen zur Einführung in die Psychoanalyse, Studien-Ausgabe Band I, Frankfurt/Main 1969, S. 594.

[122] Ibid., S. 428.

[123] Studienausgabe Band IX, S. 433.

[124] R. Girard, Ich sah den Satan herabfallen vom Himmel.

[125] F. Wagner, Religion, S. 273.

[126] Blumenberg, die Legitimität der Neuzeit.

[127] Friedrich Gogarten, Verhängnis und Hoffnung der Neuzeit, S. 142.

[128] S. 143.

[129] Ibid., S. 481.

[130] Die fröhliche Wissenschaft, Aphorismus 125, KSA, 3, S. 481 f.

[131] Kierkegaard, Philosophische Brocken, S. 11 ff.

[132] Paulus, 1. Korinther 1, 23.

[133] Philosophische Untersuchungen, Teil 1, Nummer 43, S. 262.

[134] J. L. Austin, How to do things with words, S. 24.

[135] Wittgenstein, Versuch über Ethik, S. 18 f.

[136] Ibid., S. 176.

[137] Ich und Du, S. 79. cf. Schaeffler.

[138] Husserl, Ideen, S. 340, Schaeffler, S 113.

[139] Dies wird vielfach von Husserl-Schülern, etwa von Edith Stein oder Hedwig Conrad-Martius bezeugt. Vgl. dazu die eindrucksvolle Autobiographie von Gerda Walther, Zum anderen Ufer. Remagen 1960.

[140] M. Henry, Inkarnation. Eine Philosophie des Fleisches. Aus dem Französischen von Rolf Kühn. Freiburg/München ²2004; ders., ›Ich bin die Wahrheit‹. Für eine Philosophie des Christentums. Freiburg/München ²1999.

[141] Ibid., S. 71.

[142] Scheler, Vom Ewigen im Menschen, Scheler, Gesammelte Werke Band 5, S. 255.

[143] Ibid., S. 263.

[144] Eliade, Die Religionen und das Heilige, S. 50.

[145] J. Derrida, G. Vattimo, Die Religion, S. 103 f.

[146] Derrida, a.a.O., S. 105. Hervorhebungen im Fettdruck gehen immer auf Derrida zurück.

[147] Ibid., S. 85 f.

[148] Vattimo, Glauben- Philosophieren, S. 107.

[149] Habermas, Glauben und Wissen, in: Friedenspreis des deutschen Buchhandels 2001, S. 47.

[150] Ibid.

[151] Ibid., S. 48. Dazu auch Habermas, Die Grenzen zwischen Glauben und Wissen, in: ders., Zwischen Naturalismus und Religion, a.a.O., S. 216 ff.

[152] Ibid., S. 49.

[153] Vgl. Habermas, Zwischen Naturalismus und Religion pass., siehe auch: Habermas, Ratzinger, Dialektik der Säkularisierung.

[154] E.-W. Böckenförde, Die Entstehung des Staates als Vorgang der Säkularisation (1967), in: ders., Recht, Staat, Freiheit, S. 92 ff. ; sowie ders., Der säkularisierte Staat.

[155] Habermas, Glauben und Wissen, a.a.O., S. 47.

[156] Ibid., S. 54.

[157] Habermas, Ratzinger, Dialektik der Säkularisierung, S. 36.

[158] Ibid., S. 28.

[159] Ibid., S. 32

[160] Ibid., S. 34 f.

[161] Insbes., Habermas, Zwischen Naturalismus und Religion, S. 15 ff., S. 119 ff. u.ö.

[162] Faktizität und Geltung, auch: Einbeziehung des Anderen.

[163] Habermas, Glauben und Wissen, S. 51.

[164] Ibid.

[165] Ibid., S. 40.

[166] Ibid., S. 54.

[167] R. Brague, La sagesse du monde.

[168] Johannes Paul II., Fides et ratio, Prooemion.

[169] K. Hübner, Das Christentum im Wettstreit der Religionen, a.a.O., S. 148.

[170] Nach Kissler, Der aufgeklärte Gott, S. 201.

[171] Dieser ist im Streit um die Regensburger Rede immer wieder vorgetragen worden, u.a. vom Ratsvorsitzenden der EKD Wolfgang Huber. Vgl. auch die Resonanz Benedikt XVI. Glaube und Vernunft. Die Regensburger Vorlesung. Ferner H. Küng, Umstrittene Wahrheit, eine durchgehende Resonanz auf Ratzinger.

[172] Kissler, S. 201.

[173] Ibid., S. 32.

[174] Vgl. U. Barth, Berliner Zeitschrift für Theologie 2008

[175] Assel, Der andere Aufbruch

[176] Rosenzweig, Der Stern der Erlösung.

[177] Dazu und zu der Auseinandersetzung zwischen Carl Schmitt und Erik Peterson über diesen Punkt, Hans Maier, Erik Peterson und das Problem der politischen Theologie, in: ders., Nachdenken über das Christentum, S. 189 ff., siehe auch B. Nichtweiß, Erik Peterson, S. 727 ff.

[178] Duchrow, Christenheit und Weltverantwortung pass.

[179] Luther, Von der Freiheit eines Christenmenschen (1520), Calwer Luther Ausgabe Band 2, S. 161-188.

[180] Dazu Ottmann, Geschichte des politischen Denkens. Band III/1, S. 299.

[181] Carl Schmitt, Der Leviathan.

[182] H. Maier, Politische Religionen. Gesammelte Schriften Band 2.

[183] H. Lübbe, Religion nach der Aufklärung.

[184] CS IV, 8.

[185] Ottmann, Geschichte des politischen Denkens, Band 3/1, S. 492.

[186] Zit. nach: Pigge, Die religiöse Toleranz Friedrichs des Großen, S. 88 f., dazu auch Kroll, Das geistige Preußen, S. 16.

[187] Peterson, Der Monotheismus als politisches Problem, in: ders., Theologische Traktate, S. 58 f. Dazu auch Carl Schmitt, Politische Theologie II pass.

[188] H. Blumenberg, Die Legitimität der Neuzeit, S. 11 ff.

[189] Dazu die analytisch philosophischen Konzepte von Übersetzung und Begriffsschema bei Quine, Theorien und Dinge und: Davidson, Probleme der Rationalität.

[190] G. Stenger, Philosophie der Interkulturalität, insbes. S. 846 ff. Zu Rombach: Seubert, Interkulturelle Philosophie bei Heinrich Rombach.

[191] Nishitani, Was ist Religion? Übertragen von D. Fischer-Barnicol. Frankfurt/Main 1982.

[192] Max Weber, Wissenschaftslehre, S. 154.

[193] Dazu F. H. Tenbruck, Das Werk Max Webers, in: ders., Das Werk Max Webers. Gesammelte Aufsätze, S. 59 ff. Im Hintergrund: W. Schluchter, Rationalität und Lebensführung 2 Bände.

[194] Weber, Wissenschaft als Beruf, in: ders., Wissenschaftslehre S. 613.

[195] E. Troeltsch, Die Soziallehren der christlichen Kirchen und Gruppen, vor allem S. 967 ff.

Quellen und Literatur

Assel, Heinrich: Der andere Aufbruch. Die Lutherrenaissance. Göttingen 1994.
Austin, J. L.: How to do things with words. Oxford 1962.

Barth, Karl: Fides quaerens intellectum. Zürich ²1986.
Barth, Ulrich: Aufgeklärter Protestantismus. Tübingen 2004.
Ders.: Religion in der Moderne. Tübingen 2003.
Beierwaltes, Werner: Platonismus im Christentum. Frankfurt/Main 1998.
Ders., Hans Urs von Balthasar und Alois M. Haas: Grundfragen der Mystik. Einsiedeln 1974.
Beck, Ulrich: Der eigene Gott. Friedensfähigkeit und Gewaltpotenzial der Religionen. Frankfurt/Main und Leipzig 2008.
Benedikt XVI. (Joseph Ratzinger): Glaube und Vernunft. Die Regensburger Vorlesung. Mit Beiträgen von Gesine Schwan, Adel Theodor Khoury, Karl Kardinal Lehmann. Freiburg, Basel, Wien 2006.
Ders.: Glaube-Wahrheit-Toleranz. Das Christentum und die Weltreligionen. Freiburg, Basel, Wien 2004.
Berger, Peter L. : Zur Dialektik von Religion und Gesellschaft. Elemente einer soziologischen Theorie. Frankfurt/Main 1973.
Blumenberg, Hans: Die Legitimität der Neuzeit. Erweiterte Ausgabe. Frankfurt/Main ²1988.
Ders.: Matthäuspassion. Frankfurt/Main 1988.
Böckenförde, Ernst-Wolfgang: Die Entstehung des Staates als Vorgang der Säkularisation, in: Ders.: Recht, Staat, Freiheit. Erweiterte Ausgabe. Frankfurt/Main 2006, S. 92-114.
Ders.: Der säkularisierte Staat. Sein Charakter, seine Rechtfertigung und seine Probleme im 21. Jahrhundert. München 2006.
Bolz, Norbert: Das Wissen der Religion. Betrachtungen eines religiös Unmusikalischen. München 2008.
Brague, Rémi: Die Weisheit der Welt. Kosmos und Welterfahrung im westlichen Denken. München 2006.
Braun, Edmund: Religion nach der Botschaft vom Tode Gottes!? In: Braun: Zukunft: Das Problem der Gegenwart. Diskursethische Beiträge zu anstehenden Problemen im Weltmaßstab. Berlin 2008, S. 93-111.
Von Brück, Michael: Einführung in den Buddhismus. Frankfurt/Main und Leipzig 2007.
Buber, Martin: Ich und Du, in: Buber: Werke. Band I. München und Heidelberg 1962, S. 77-170.

Calvin, Jean: Unterricht in der christlivchen Religion. Neukirchen [2]1963.

Cassirer, Ernst: Philosophie der symbolischen Formen. Darmstadt 1988 e Bände.

Ders.: Nachgelassene Manuskripte und Texte. Band 1: Zur Metaphysik der symbolischen Formen. Hamburg 1995.

Chateaubriand, Francois-René de: Geist des Christentums. Oder Schönheiten der christlichen Religion. Bearbeitet, herausgegeben und mit einer Einleitung versehen von Jörg Schenuit. Berlin 2004.

Dalferth, Ingolf U.: Die Wirklichkeit des Möglichen. Hermeneutische Religionsphilosophie. Tübingen 2003.

Davidson, Donald: Probleme der Rationalität. Frankfurt/Main 2006.

Dennett, Daniel C.: Den Bann brechen. Religion als natürliches Phänomen. Frankfurt/Main, Leipzig 2008.

Derrida, Jacques und Gianni Vattimo: Die Religion. Frankfurt/Main 2001.

Duchrow, Ulrich: Christenheit und Weltverantwortung. Traditionsgeschichte und systematische Struktur der Zweireichelehre. Stuttgart [2]1983.

Durkheim, Emile: Die elementaren Formen des religiösen Lebens, übersetzt von L. Schmidts. Frankfurt/Main 1981.

Dux, Günter: Die Logik der Weltbilder. Sinnstrukturen im Wandel der Geschichte. Frankfurt/Main 1982.

Eliade, Mircea: Die Religionen und das Heilige. Elemente der Religionsgeschichte. Salzburg 1954.

Ders.: Geschichte der religiösen Ideen. Freiburg, Basel, Wien 1978-1981. 4 Bände.

Feil, Ernst: Religio. Göttingen 1990 ff. (bislang 3 Bände).

Flasch, Kurt: Die Geburt der ›deutschen Mystik‹ aus dem Geist der abalischen Philosophie. München 2006.

Ders.: Nikolaus von Kues. Geschichte einer Entwicklung. Frankfurt/Main 1998.

Forschner, Maximilian: Thomas von Aquin. München 2006.

Freud, Sigmund: Neue Vorlesungen zur Einführung in die Psychoanalyse. Studien-Ausgabe Band 1. Frankfurt/Main 1969, S. 448-611.

Ders.: Der Mann Moses und die monotheistische Religion: Drei Abhandlungen, in: Studienausgabe. Band IX. Frankfurt/Main 1982, S. 455-585.

Geertz, Clifford: Dichte Beschreibung. Beiträge zum Verstehen kultureller Systeme. Frankfurt/Main 1983.

Girard, René: Ich sah den Satan vom Himmel fallen wie einen Blitz. Eine kritische Apologie des Christentums. München, Wien 2002.

Gogarten, Friedrich: Verhängnis und Hoffnung der Neuzeit. Die Säkularisierung als theologisches Problem. Stuttgart ²1958.

Graf, Friedrich-Wilhelm: Die Wiederkehr der Götter. Religion in der modernen Kultur. München 2004.

Ders.: Moses' Vermächtnis. Über göttliche und menschliche Gesetze. München 2006.

Haas, Alois M.: Mystik als Aussage. Erfahrungs,- Denk- und Redeformen christlicher Mystik. Frankfurt/Main 1996.

Habermas, Jürgen: Glauben und Wissen. In: Friedenspreis des deutschen Buchhandels 2001. Frankfurt/Main 2001.

Ders.: Zwischen Naturalismus und Religion. Philosophische Aufsätze. Frankfurt/Main 2005.

Ders.: und Joseph Ratzinger: Dialektik der Säkularisierung. Über Vernunft und Religion. Freiburg/Br. 2005.

Ders.: Faktizität und Geltung. Beiträge zur Diskurstheorie des Rechts und des demokratischen Rechtsstaats. Frankfurt/Main 1992.

Hegel, Georg Wilhelm Friedrich: Vorlesungen über die Philosophie der Religion. 2 Bände. Theorie-Werkausgabe Band 16 und 17. Frankfurt/Main 1970.

Ders.: Enzyklopädie der philosophischen Wissenschaften. Theorie-Werkausgabe Band 10. Frankfurt/Main 1970.

Heidegger, Martin: Phänomenologie und Theologie (1927), in: Wegmarken. Gesamtausgabe Band 9. Frankfurt/Main 1976, S. 45-79.

Heinrich, Klaus: vom bündnis denken. Religionsphilosophie. Frankfurt/Main 2000 (Dahlemer Vorlesungen 4).

Ders.: tertium datur. Eine religionsphilosophische Einführung in die Logik. Frankfurt/Main ²1987. (Dahlemer Vorlesungen 1)

Ders.: Versuch über die Schwierigkeit nein zu sagen. Frankfurt/Main ²1985.

Ders.: Aufklärung in den Religionen. Frankfurt/Main 2007. (Dahlemer Vorlesungen 8).

Henrich, Dieter: Der ontologische Gottesbeweis. Tübingen 1960.

Henry, Michel: Inkarnation. Eine Philosophie des Fleisches. Aus dem Französischen von Rolf Kühn. Freiburg, München 2002.

Ders.: »Ich bin die Wahrheit«. Für eine Philosophie des Christentums. Freiburg, München ²1999.

Herder, Johann Gottfried: Christliche Schriften. 5. Sammlung: Von Religion, Lehrmeinungen und Gebräuchen (1798), in: ders.: Sämtliche Werke, hgg. von B. Suphan. Band XX. Hildesheim 1967, S. 133-265.

Hommes, Ulrich: Über die Leichtigkeit. Regensburg 1997.

Hübner, Kurt: Das Christentum im Wettstreit der Weltreligionen. Zur Frage der Toleranz. Göttingen 2003.

Ders.: Glaube und Denken. Dimensionen der Wirklichkeit. Tübingen 2001.

Hume, David: Dialoge über natürliche Religion. Neu bearbeitet von Günter Gawlick. Hamburg 1968.

Husserl, Edmund: Ideen zu einer reinen Phänomenologie und phänomenologischen Philosophie. Erstes Buch Allgemeine Einführung in die reine Phänomenologie. In: Husserl: Gesammelte Schriften, herausgegeben von Elisabeth Ströker. Band 5. Hamburg 1992.

Jäger, Christoph (Hg.): Analytische Religionsphilosophie. Paderborn, München, Wien, Zürich 1998.

Joas, Hans: Gesellschaft, Staat und Religion. Ihr Verhältnis in der Sicht der Weltreligionen, in: ders. und Klaus Wiegandt (Hg.): Säkularisierung und die Weltreligionen. Frankfurt/Main 2007.

Johannes Paul II. (Karol Woityla): Fides et ratio. Glaube und Vernunft. Enzyklika. Stein am Rhein 1998.

Jung, Carl Gustav: Psychologie und Religion. In: ders.: Gesammelte Werke Band XI. Olten [2]1973, S. 4 ff.

Ders.: Bewußtes und Unbewußtes. Frankfurt/Main 1957.

Kant, Immanuel: Religion innerhalb der Grenzen der bloßen Vernunft, in: Kant, Akademie-Ausgabe Band VI. Berlin 1968, S. 1-202.

Kierkegaard, Sören: Philosophische Brocken. De omnibus dubitandum est. In : Kierkegaard : Gesammelte Werke. Abteilung 10, hgg. von Emanuel Hirsch und Hayo Gerdes. Gütersloh 1960.

Kippenberg, Hans G. und Kocku von Stuckrad: Einführung in die Religionswissenschaft. München 2003.

Ders.: Die vorderasiatischen Erlösungsreligionen in ihrem Zusammenhang mit der antiken Stadtherrschaft. Heidelberger Max-Weber-Vorlesungen 1988. Frankfurt/Main 1991.

Kissler, Alexander: Der aufgeklärte Gott. Wie die Religion zur Vernunft kam. München 2008.

Kobusch, Theo: Christliche Philosophie. Die Entdeckung der Subjektivität. Darmstadt 2006.

Krewani, W. N.: Emmanuel Lévinas. Freiburg, München 1992.

Kroll, Frank-Lothar, Das geistige Preußen. Zur Ideesgeschichte eines Staates. Paderborn, München 2001.

Lévinas, Emmanuel: Wenn Gott ins Denken fällt. Freiburg, München 1985.

Löffler, Winfried: Einführung in die Religionsphilosophie. Darmstadt. 2006.

Luckmann, Thomas: Das Problem der Religion in der modernen Gesellschaft. Freiburg/Br. 1963.

Lübbe, Hermann: Religion nach der Aufkläruung. Graz 1986.

Ders.: Aufklärung anlaßhalber. Philosophische Essays zu Politik, Religion und Moral. Gräfelfing 2001.

Luhmann, Niklas: Funktion der Religion. Frankfurt/Main 1977.

Ders.: Die Religion der Gesellschaft. Herausgegeben von André Kieserling. Frankfurt/Main 2000.

Luther, Martin: Von der Freiheit eines Christenmenschen (1520): in: Calwer Luther-Ausgabe Band 2. Stuttgart [5]1982, S. 161-188.

Maier, Hans: Nachdenken über das Christentum. Reden und Aufsätze. München 1992, insbes. S. 189-205 (Erik Peterson und das Problem der politischen Theologie).

Ders.: Politische Religionen. Gesammelte Schriften Band II. München 2007.

Maimonides (Mose ben Maimon): Acht Kapitel. Eine Abhandlung zur jüdischen Ethik und Gotteserkenntnis. Deutsch und arabisch herausgegeben von Maurice Wolff. Hamburg 1992.

Ders.: Führer der Unschlüssigen. Übersetzung und Kommentar von Adolf Weiß. Hamburg [2]1995.

Matthes, Joachim: Das Eigene und das Fremde. Gesammelte Aufsätze zu Gesellschaft, Kultur und Religion. Herausgegeben von Rüdiger Scholz. Würzburg 2005.

Moxter, Michael: Formzerstörung und Formaufbau: Zur Unterscheidung von Mythos und Religion bei Ernst Cassirer, in: M. Jung, M. Moxter u.a. (Hg.): Religionsphilosophie. Historische Positionen und systematische Reflexionen. Würzburg 2000, S. 165-183.

Nietzsche, Friedrich: Der Antichrist, Kritische Studienausgabe Band 6. München 1988, S. 165-255.

Ders.: Die Fröhliche Wissenschaft, Aphorismus 125, in: Nietzsche: Kritische Studienausgabe Band 3, S. 481 f.

Niewöhner, Friedrich (Hg.): Klassiker der Religionsphilosophie. Von Platon bis Kierkegaard. München 1995.

Nishitani, Keiji: Was ist Religion? Vom Verfasser autorisierte deutsche Übertragung von D. Fischer-Barnicol. Frankfurt/Main [2]1986.

Novalis (Friedrich von Hardenberg): Die Christenheit oder Europa (1799), in: Novalis Werke. Herausgegeben und kommentiert von Gerhard Schulz. München 1969, S. 499-519.

Ottmann, Henning: Geschichte des politischen Denkens. Band III/1. Die Neuzeit. Von Machiavell bis zu den großen Revolutionen. Stuttgart, Weimar 2006.

Otto, Rudolf: Das Heilige. Über das Irrationale in der Idee des Göttlichen und sein Verhältnis zum Rationalen. München 1947 u.ö.

Pannenberg, Wolfhart: Macht der Mensch die Religion, oder macht die Religion den Menschen?, in: T. Rendtorff (Hg.): Religion als Problem der Aufklärung. Göttingen 1980, S. 151 ff.

Ders.: Theologie und Philosophie. Ihr Verhältnis im Lichte ihrer gemeinsamen Geschichte. Göttingen 1996.

Peterson, Erik: Der Monotheismus als politisches Problem (1935), in: ders.: Theologische Traktate. Mit einer Einleitung von Barbara Nichtweiß. Würzburg 1994.

Quinzio, Sergio: Die Niederlage Gottes. Aus dem Italienischen von Ulrich Hausmann. Hamburg 1996.

Ratschow, Carl Heinz: Methodik der Religionswissenschaft, in: Enzyklopädie der geisteswissenschaftlichen Arbeitsmethoden, hg. von M. Thiel. 9. Lieferung. München, Wien 1973, S. 347-400.

Ders.: Magie und Religion. Gütersloh 1947.

Ders.: Die Religionen. Gütersloh 1979.

Ders.: Von den Wandlungen Gottes. Beiträge zur Systematischen Theologie. Zum 75. Geburtstag herausgegeben von Christel Keller-Wentorf und Martin Repp. Berlin, New York 1986.

Rendtorff, Trutz: Kirche und Theologie. Göttingen 1968.

Rentsch: Gott. Berlin 2005 (Reihe: Grundthemen Philosophie).

Rohrmoser, Günter: Emanzipation oder Freiheit. Das christliche Erbe der Neuzeit. Berlin, Frankfurt/Main 1995.

Ders.: Subjektivität und Verdinglichung. Theologie und Gesellschaft im Denken des jungen Hegel. Gütersloh 1961.

Rosenzweig, Franz: Der Stern der Erlösung. Frankfurt/Main 1988.

Schaeffler, Richard: Religionsphilosophie. Freiburg/München 2002.

Scheler, Max: Vom ewigen im Menschen, in: Scheler: Gesammelte Werke. Band 5. Herausgegeben von Maria Scheler. Bern 1954, S.

Schelling, Friedrich Wilhelm Josef: Philosophie der Mythologie. Erstes Buch: Der Monotheismus, in: Schellings Werke. Nach der Originalausgabe in neuer Anordnung herausgegeben von Manfred Schröter. Sechster Hauptband. München 1927, S. 255-389.

Schleiermacher, Friedrich Daniel Ernst: Über die Religion. Reden an die Gebildeten unter ihren Verächtern. Göttingen [6]1967.

Ders.: Der christliche Glaube 2 Bände. Berlin 1960.

Schluchter, Wolfgang: Religion und Lebensführung. Studien zu Max Webers Religions- und Herrschaftssoziologie. 2 Bände. Frankfurt/Main 1988.

Schmitt, Carl: Der Leviathan in der Staatslehre des Thomas Hobbes. Sinn und Fehlschlag eines politischen Symbols. Mit einem Anhang sowie einem Nachwort des Herausgebers. Köln 1982 (ursprünglich 1938).

Ders.: Politische Theologie. Vier Kapitel zur Lehre von der Souveränität. Berlin [5]1990 (Zuerst 1922).

Ders.: Politische Theologie II. Die Legende von der Erledigung jeder Politischen Theologie. Berlin [2]1984 (Erstauflage 1970).

Schneider, Hans Julius: Religion. Berlin, New York 2008 (Grundthemen der Philosophie).

Schönberger, Rolf: Thomas von Aquin. Eine Einführung. Hamburg 1998.

Scholz, Heinrich: Religionsphilosophie. Zweite neuverfasste Ausgabe. Berlin 1922, Nachdruck Berlin, New York 1974.

Seubert, Harald: Polis und Nomos. Untersuchungen zur Platonischen Rechtslehre. Berlin 2005.

Ders.: Nicolaus Cusanus interkulturell gelesen. Nordhausen 2005.

Ders.: Interkulturelle Phänomenologie bei Heinrich Rombach. Nordhausen 2006.

Simmel, Georg: Die Religion. Frankfurt/Main [2]1912.

Sloterdijk, Peter: Gottes Eifer. Vom Kampf der drei Monotheismen. Frankfurt/Main und Leipzig 2007.

Spaemann, Robert: Das unsterbliche Gerücht. Die Frage nach Gott und die Täuschung der Moderne. Stuttgart 2007.

Ders.: Der letzte Gottesbeweis. Mit einer Einführung in die großen Gottesbeweise und einem Kommentar zum Gottesbeweis Robert Spaemanns von Rolf Schönberger. München 2007.

Stenger, Georg: Philosophie der Interkulturalität. Erfahrung und Welten. Eine phänomenologische Studie. Freiburg/Br., München 2006.

Strasser, Peter: Warum überhaupt Religion? Der Gott, der Richard Dawkins schuf. München, 2008.

Ders.: Theorie der Erlösung. München, Paderborn. Eine Einführung in die Religionsphilosophie. München 2006.

Tenbruck, Friedrich H. Das Werk Max Webers. Gesammelte Aufsätze.

Tillich, Paul: Religionsphilosophie (1925). Stuttgart 1962.

Trillhaas, Wolfgang: Religionsphilosophie. Berlin, New York 1972.

Troeltsch, Ernst: Die Soziallehren der christlichen Kirchen und Gruppen. Gesammelte Schriften Band 1. Neudruck der Ausgabe Tübingen 1922. Aalen 1977.

Ders.: Der Deismus, in: ders.: Aufsätze zur Geistesgeschichte und Religionssoziologie, hgg. von Hans Baron. Gesammelte Schriften Band IV. Tübingen 1925, Neudruck Aalen 1981, S. 429-488.

Vattimo, Gianni: Glauben – Philosophieren. Aus dem Italienischen übersetzt von Christiane Schultz. Stuttgart 2003.

Weber, Max: Gesammelte Aufsätze zur Wissenschaftslehre. Herausgegeben von Johannes Winckelmann. Tübingen 1968.

Ders.: Gesammelte Aufsätze zur Religionssoziologie. 3 Bände. Tübingen [9] 1988.

Wenz, Gunther: Gott. Implizite Voraussetzungen christlicher Theologie. Göttingen 2007. Studium Systematische Theologie. Band 4.

Ders.: Religion. Aspekte ihres Begriffs und ihrer Theorie in der Neuzeit. Göttingen 2005. Studium Systematische Theologie. Band 1.

Wittgenstein, Ludwig: Vorlesungen und Gespräche über Ästhetik, Psychologie und Religion, hrsg. v. C. Barrett, übersetzt und eingeleitet von E. Bubser. Göttingen 1968.

Ders.: Vortrag über Ethik, in: Wittgenstein: Vortrag über Ethik und andere kleine Schriften. Herausgegeben von Joachim Schulte. Frankfurt/Main 1989, S. 9-20.

Ders.: Philosophische Untersuchungen, in: Werkausgabe Band 1. Frankfurt/Main 1984, S. 225-581.

Register

Religion

Harald Seubert

W. Fink **UTB**